珍藏本
纪念版

汉译世界学术名著丛书

简论上帝、人及其心灵健康

〔荷兰〕斯宾诺莎 著

顾寿观 译

2017年·北京

Benedict de Spinoza

KORTE VERHANDELING VAN GOD, DE MENSCH EN DESZELFS WELSTAND

汉译世界学术名著丛书
(120年纪念版·珍藏本)
出版说明

2017年2月11日，商务印书馆迎来120岁的生日。120年前，商务印书馆前贤怀揣文化救国的理想，抱持“昌明教育，开启民智”的使命，立足本土，放眼寰宇，以出版为津梁，沟通中西，为中国、为世界提供最富智慧的思想文化成果。无论世事白云苍狗，潮流左右激荡，甚至战火硝烟弥漫，始终践行学术报国之志，无改初心。

迻译世界各国学术名著，即其一端。早在20世纪初年便出版《原富》《天演论》等影响至今的代表性著作，1950年代后更致力于外国哲学和社会科学经典的译介，及至1980年代，辑为“汉译世界学术名著丛书”，汇涓为流，蔚为大观。丛书自1981年开始出版，历时三十余年，迄今已推出七百种，是我国现代出版史上规模最大、最为重要的学术翻译工程。

丛书所选之书，立场观点不囿于一派，学科领域不限于一门，皆为文明开启以来，各时代、各国家、各民族的思想与文化精粹，代表着人类已经到达过的精神境界。丛书系统译介世界学术经典，引领时代思想，为本土原创学术的发展提供丰富的文化滋养，为推动中国现代学术和现代化进程做出了突出的贡献。

为纪念商务印书馆成立120周年，我们整体推出“汉译世界学术名著丛书”120年纪念版的珍藏本，寄望既利于文化积累，又便于研读查考，同时向长期支持丛书出版的译者、编者和读者致以敬意。

两甲子后的今天，商务印书馆又站在了一个新的历史时间节点上。我们不仅要铭记先辈的身影和足迹，更须让我们的步伐充满新的时代精神。这是商务人代代相传的事业，更是与国家和民族的命运始终紧密相连的事业。我们责无旁贷，必须做好我们这代人的传承与创造，让我们的努力和成果不仅凝聚成民族文化的记忆，还能成为后来人可以接续的事业。唯此，才能不负前贤，无愧来者。

商务印书馆编辑部

2017年10月

译　　序

一

Spinoza在世时只出版了两部著作：1.《以几何学方式论证的笛卡尔哲学原理》第一、二卷，附录：形上学名义通释(1663)；2.《神学—政治学原论》(1670)*。

1677年2月，Spinoza去世，他在去世前作了安排，预嘱把他的遗稿在他死后交付给他的密友Jan Rienwerts。Jan Rienwerts者，是阿姆斯特丹的一个出版家。

* 这两部著作的全名是：

Renati des Cartes principiorum philosophiae pars 1 et 11, more geometrico demonstratak per Bevedictusn de Spinoza Amstelodamensem, Accesscrunt zusdem Cogitata Metaphysices querlati quam speciati accusrunt, quaestiones breviter enplicantur, Apud Jahannem Riewerts. 核奈·笛卡尔哲学原理第一、二卷，阿姆斯特丹，倍内狄托·斯宾诺莎以几何学方式论证。附作者所著《形上学名义通释》，扼要阐明形上学通论及其各论部分常见的各项疑难不明的问题。

Tractitus theologico-politicus, continens dissertatum es aliquot ostenditur libertatem philosophandi non tantum saiva pietate et reipublicae pace posse concedi, sed eamdem nisi cum pace reipublicae ipsaque pietate tolli non posse, hamburgi. Apud Henricum Kuenrath. 神学—政治学原论，包含若干论说，阐明哲学自由不独无害于信仰和社会安宁，并且不可能损害哲学自由而不同时损害社会安宁和宗教信仰。汉堡，亨利·康赖特出版。

后一著作不录作者姓名；所谓“汉堡，亨利·康赖特”，Colerus：《斯宾诺莎传》早已指出，显系伪托。

经过几个生前友人的辑录和筹措，1677 年 11 月出版了Spinoza遗集，称为《内容目次见序文后所录，B. d. S. 遗集》。这集《遗集》没有出版地点，集前有一个序，也没有作者姓名。在序文以后，按次收录了以下五部著作：1.《伦理学》；2.《政治原论》；3.《论悟性的修养》；4.《书翰集》；5.《希伯来文法》。*

翌年，1678 年出版了荷兰文的遗集，内容范围和 1677 拉丁文

* B. d. S. Opera Posthuma quorum series fost fraelationem exhibatur. 1677. 集序作者说明，斯宾诺莎去世前曾特别提出《伦理学》刊印时不应冠用斯宾诺莎姓名，《遗集》编者为尊重斯宾诺莎遗志，在集前以及集内有关处所只用了斯宾诺莎全名缩写 B. d. S. 三字。

《遗集》所录五部著作的全名是：

1. Ethica ardine qeometrico demonstrata et in quinque partesdistincta, in quibus agitur: 1. de Deo; 2. de natura et arigine mentis; 3. de origine et natura affectium; 4. de servihite humana sen de affectuum viribus; 5. de potentia intellectus sen de libertate humana. 伦理学，以几何学方式论证，分为五卷，其中 1. 论上帝；2. 论心灵的性质及其起源；3. 论感情的起源及其性质；4. 论人的奴役或感情的力量；5. 论悟性的力量或人的自由。

2. Tractatus politicus, in quo demonstratur quomodo societas, ubi imperium monarchieum beum habet, sient et ca, ubi optimi imperant, debet institui, ne in tyrannidem labatur, et ut pax libertasque civium inviolata maneat. 政治原论，论应如何运用一个君主政体，或贵族寡头政体的社会，使之不沦溺为专制暴政并使公民的安宁和自由不受侵害。

3. Tractatus de intelletus emendatune etde via, in qua optime in veram rerum coquitionem diriqitur. 论悟性的修养，以及引导我们达到事物真实认识的途径。

4. Epistolae doetorum quorumdam virorum ad B. d. S. et anctoris responsines, ad aliorum egus operam elueidationem non parum facientes. 对于阐明作者其他著作有不少裨益的，若干学术界人士致 B. d. S. 书及其复函。

5. Compendium grammaticus hinquar hebraerae. 希伯来文法简编。

《遗集》集序的作者是谁已不可知；一般认为是出于斯宾诺莎两个密友之一，Ludwig Meyer 或 Jarig Jalles，而以 Jarig Jalles 可能为多。

这个《遗集》，Colerus 在《斯宾诺莎传》里也已提到，显然是由 Jahn Rienwerts 出版的。

《遗集》是相同的。*

这五部著作，或更正确地说，为1677年的《遗集》所载有的这五部著作中的材料，加上以上两部生前出版的著作，合起来就是从Spinoza去世起，到十九世纪中叶止，为人所知的他的全部著作。**

1677年的《遗集》序作者说到当时遗稿辑录的情形，说它包括了友人手头所存Spinoza遗稿的全部内容，并且说："即使也许可以相信，在这人、那人那里还藏有为这里所没有的我们的哲学家的某些作品，但是可以肯定那里不会有任何内容，这些内容不已经在这些遗稿里更清楚地说到了嘛。"

1677年的《遗集》包括了，至少学术思想方面，Spinoza的主要著作，但是并不是——也许集序作者有意给人这样一个印象——

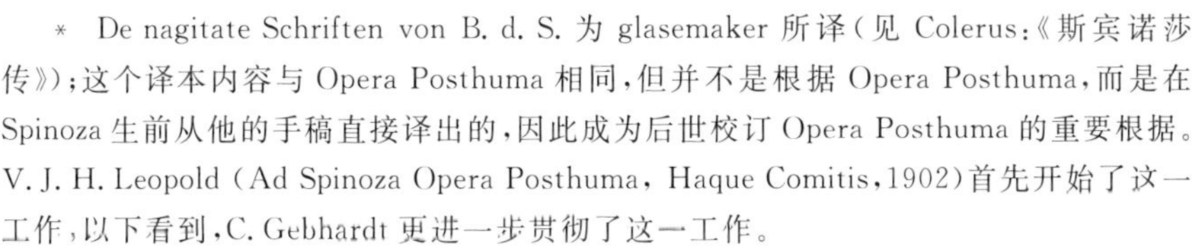

* De nagitate Schriften von B. d. S. 为glasemaker所译（见Colerus:《斯宾诺莎传》）；这个译本内容与Opera Posthuma相同，但并不是根据Opera Posthuma，而是在Spinoza生前从他的手稿直接译出的，因此成为后世校订Opera Posthuma的重要根据。V. J. H. Leopold (Ad Spinoza Opera Posthuma, Haque Comitis, 1902)首先开始了这一工作，以下看到，C. Gebhardt更进一步贯彻了这一工作。

** 斯宾诺莎去世以后经过整个十八世纪没有出现斯宾诺莎的全集；十八世纪八十年代以后，主要发端于德国文艺界的争论，在欧洲思想界开始了一个重新估价斯宾诺莎和重视他的著作的时代。从十九世纪初至十九世纪七十年代出版了四部斯宾诺莎全集：Saulus本（Jena，1802—1803）；Gfroever本（Stuttgart，1830）；Bruder本（Leipzig，1843—1846），和Hugo guisberg本（Heidelberg，1875—1882）；四个版本中第一、二、四都没有学术价值，唯有Bruder本是当时通用的善本，但是四个版本的内容都限于Opera Posthuma(1677)和斯宾诺莎生前出版的两种著作。

1882年出版van Vloten et-Land的斯宾诺莎全集本，第一次包括了十九世纪中叶以后发现的斯宾诺莎全部著作；这个版本订正了斯宾诺莎通信者的姓名，重订了全部书翰的时序，为后来斯宾诺莎学者所通用。1925年，斯宾诺莎诞生三百周年，Heidelberg大学出版了C. Gebhardt校注的全集本；这个版本除了其他优点以外，主要根据1678年的荷兰文《遗集》本详尽校勘了全部文字，是现代斯宾诺莎著作的最完善的版本。

它包括了当时编者所有的全部遗稿。

十九世纪中叶以后，又陆续发现了一些 Spinoza 的著作，这些著作证明，1677 年的《遗集》的编者，由于种种可以理解的理由，曾删除了一部分有关 Spinoza 生平活动的材料，和舍弃了一些当时从介绍 Spinoza 系统思想方面看也许不重要，但是以后从哲学史研究的观点看极重要的材料。

在这些十九世纪中叶以后发现的材料里，最重要的是一部 Spinoza 的早期著作：《简论上帝、人及其心灵健康》*。

二

但是，为我们现在保有的这一部著作只是两个荷兰文的手抄本。

为了了解这两个手抄本的内容和性质，首先，我们需要了解这部著作存在、流传和发现的经过。

这部著作确实在 Spinoza 生前存在，最早的史料可以回溯到与 Spinoza 同时代的 Ludwig Meyer。Meyer 是 Spinoza 的密友之一，热心的笛卡尔主义者，《以几何学方式论证的笛卡尔哲学原理》(1663)就是在他的鼓励下出版，并由他作序的。Ludwig Meyer 在他自己的

* 在这些材料里，除《简论上帝、人及其心灵健康》以外，还有一篇在 1687 年隐名发表的科学论文《论虹》Stelkonstige reeckening von den Regenburg。Opera Posthuma 序和 Colerus：《斯宾诺莎传》都曾直接提到这部著作。又，在现存《论虹》两个印本的后面各附有一篇关于《几率论》的论文（Reeckening van Kausen），字模与前篇不同，页次也自成起讫；它与斯宾诺莎唯一的相关是斯宾诺莎在一封信里（Opera Posthuma，第 43；Van Vloten，第 38）曾谈到同一问题并持有与论文相类的观点；这一论文本身没有重要内容，一般并不能肯定它是否斯宾诺莎的作品。

一部著作:《哲学——圣书的阐述者》的《后记》里说,“我们有确实的根据可以相信,哲学的领域在我们这个时代,既有它的伟大的革新者、推进者核奈·笛卡尔举着知识世界的火炬在前面走出了一个榜样,必将为其他那些跟随他的道路的人所大大拓展;并且,同样的这样一个关于上帝、理性的心灵,人的最高幸福以及诸如此类的哲学领域,也必将为了另一些谋求永生的人而在曙光中诞生。”这一段话,除了其他意义以外,证实这部著作的存在,并且保存了它的一个拉丁文名称:De Deo, anima rationali, summa hominis felicitate。*

并且,可以证明,甚至在 Spinoza 生前,这一部著作已经在几个密友之外有少量流传。在 1677 年,Spinoza 去世的同年出版的一本书名叫:《撒旦的膏药,无神论的奥秘》** 里,现在看到,若干处所几乎只字不易地引录了这部著作。

但是,在 1852 年第一个荷兰文手抄本发现以前,没有人知道这部著作的确切内容和它的真实名称。

1703—1704 年,有一个德国人,后来的耶拿大学教授 Goltlieb Stolle 在荷兰旅行并且访问 Spinoza 的遗事,他见到了 Spinoza 的出版者 Jahn Rienwerts 的儿子小 Jahn Rienwerts。在他的旅行日

* 原名:Philosophia saerae seripturae interpraes; Colerus:《斯宾诺莎传》指出 Ludwig Meyer 所著,1660 年出版。1671 年,这一本书,和 Hobbes 的 Leviathan, Spinoza 的 Fractatus Theologico-Politicus 一起,曾被荷兰基督教会列为禁书,见 Pollock, Spinoza, his Life and Philosophy, 1880, p. 37。我们的译文据 C. Gebhardt 德译,l. c. , Einleitung, p. v. 。

又,从这一段文字也可以看到,斯宾诺莎在世时,他的密友和学生已经清楚意识到他的哲学和笛卡尔哲学的深刻不同。

** Kuypers: Die diepten des Satans, of geheymnissen der Atheisterei ontdeckt en vernielt. C. Gebhardt, l. c. Einleitung, p. vi, 引自 Dunin-Borkowzki, Chronien Spinozanum。

记里，Stolle 保存了这样一段记载："他（Rienwerts 的儿子）又拿出另一份同样也是由他父亲抄录的、但是经 Spinoza 本人的手稿抄录下来的手抄本。这个抄本是《伦理学》，但是，如 Spinoza 最初所撰述的，是荷兰文的。这部《伦理学》和后来刊印本的体裁大不相同：不像在后者一样用繁复的数学方法论证，在这里是分章并且（不采用 probativ singularium artificiosa 而是）和《神学一政治学原论》一样，通篇直叙的。Rienwerts 肯定告诉我，刊印本的《伦理学》的撰述远胜于这个稿本；但是，Rienwerts 承认，这个稿本里有一些不同的东西是刊印本所没有的。他特别为我指出论魔鬼一章（在目次中是第二十一），后者在刊印本里完全没有。在这一章里 Spinoza 讨论到魔鬼的有无，一开始他考察了这样的命题：魔鬼和上帝的本质完全相反，它由它自身而具有它的本质（quod sit Spiritus essentiae divinae contrarius et qui essentiam suam per se habet），从而他似乎否认了魔鬼的存在。这一个稿本，据 Rienwerts 说，好些 Spinoza 的友人都有抄录，但是从未刊印，因为一方面拉丁文本既已出版并且更有条理，另一方面这个遗留的著作也撰述得过于草率。"最后，这个记载谈到，Stolle 与这个手抄本同时看到的有一份不知译者姓名的《神学一政治学原论》的荷兰译文抄本。

Stolle 1704 年的这个日记材料*，Stolle 1718 年又把它间接

* 据 C. Appuhn, l. c. Notice，Stolle 的这个日记材料最初由 Guhaner 择要发表（Schmidt's Allegemeine Zeitschrift fuer Geschicht，Bd. Ⅶ，年代？），以后 Freudenthal 把有关 Spinoza 的部分引征在他的著作 Lebensgeschichte Spinoza's 里，始为人注意。C. Gebhardt，l. c. Einleitung 引用了这段记载的原文；C. Appuhn，l. c.，Notice，据 Freudenthal o. c.，p. 227 法译。

引用在他的一部著作:《目录学史发凡》* 中。

从后者,直接产生从十八世纪初至十九世纪初几部目录学著作** 中关于一本《原始伦理学》的记载。

由于这些目录学著作,人们盛传存在一本和后世刊印本不同的《伦理学》的原始稿本,是以荷兰文著述的,主要不同在于并不是以几何方法,而是分章直叙的,其中一章专论魔鬼,为传世本所无。甚至最后有人肯定,现存的《伦理学》最初系由 Spinoza 以荷兰文所撰,然后由他人照本译成拉丁文,而去其论魔鬼的一章。***

但是,1704 年 Stolle 的日记记载,实际上是关于 Spinoza:《简论上帝、人及其心灵健康》这一著作的第一次的直接记载。

在这个记载里,可以注意到:Stolle 所见的抄本出于老 Rienwerts 自己的抄写,并且,据 Rienwerts 儿子的设想,录自 Spinoza 本

* Kurze Anteitung fuer Historie der Gelahrtheit, 1718.

** J. E. Reimanns, Katalog theologischer Buecher (1731); J. C. Mytius, Bibliotheca anonymorum (1740); 以及 Th. de Murr, Spinoza, Tractatus Theologico-Politicus 的《注释》的拉丁原稿的《序》(1802)。

*** 据 Ch. Appuhn O. C., Notice, Th. de Murr 是德国版本学家,十八世纪末在荷兰旅行寻访 1677 年为 Opera Posthuma 所未收的 Spinoza 遗著,特别着意于 Spinoza 逐教后所撰的《自辩》,而未有所获。但是他在 Rienwerts 家属所存的文件中得到一份 Spinoza 对 Tractatus Theologico-Politicus 的《注释》的拉丁原稿,在此以前这一《注释》仅以一份法译传世。1802 年,Murr 发表了这份《注释》的拉丁原文并附了一个《序》,Murr 在这个《序》里说:《伦理学》最初是由 Spinoza 以荷兰文所撰,然后由旁人照本译成拉丁文而去其论魔鬼一章,而 Opera Posthuma 出版以后,又由 Jarig Jelles 还译为荷兰文。这是一个错误的推断,不但现在确知 Jarig Jelles 不通拉丁文,并且 Jarig Jelles 何以需要把 Spinoza 原以荷兰文撰述的著作"还译"为荷兰文,亦属不可解。1852 年《简论上帝、人及其心灵健康》全书发现以后,《伦理学》的原始撰述状态已经无可怀疑,《伦理学》自是 Spinoza 一开始以拉丁文按几何方式撰述的,而《简论上帝、人及其心灵健康》则是另一本内容与《伦理学》相同,但是体例完全不同并且很早被译成荷兰文的 Spinoza 的早期著作。

人的荷兰文手稿，虽然这一点，以下看到，多半并不确实；其次，Rienwerts 儿子说道，在老 Rienwerts 这一抄本之外，存在着 Spinoza 的其他友人的抄本；最后，可以注意到，和这一个抄本一起，有一本《神学－政治学原论》的、不知译者姓名的荷兰译文抄本。

1851 年秋，后来的德国哈勒大学教授 Eduard Boehmer，在荷兰旅行并访问 Spinoza 的遗事，他从阿姆斯特丹一个书商、版本家 Frederik Muller 那里得到一本荷兰文的 Colerus:《斯宾诺莎传》；在这本书里面带有一个读者关于 Spinoza 生平的若干按语，其中有一条说道：

“在某些哲学爱好者手里有一部 Spinoza 著作的手抄本，这部著作，虽然不像他的《伦理学》一样用教学方法撰写，但是却包含同一的思想和内容。从文字风格、观念发展来看，可以明白看出是 Spinoza 的早期作品。按着这部著作，作为学说的蓝本，他才在以后著述了他的《伦理学》，而在后一著作中，运用了几何学的论证，虽然同一的材料叙述得更有条理并且有不少发展，但是正是这个几何学的论证方式，在形上学里根本不曾见过，或者说不曾应用过，并且只有少数人才熟习，使这部著作对于绝大多数人来说比前者更晦涩，在前者，只有附录中开始的一小部分是用的几何学方法。”

不但如此，在这同一本 Colerus:《斯宾诺莎传》里，和一份荷兰文的关于《神学－政治学原论》的《注释》在一起，有一份同样是荷兰文的、正是上面这一条附注所指的 Spinoza 这部著作的《摘要》，称为:《倍内狄托·斯宾诺莎:简论上帝、人及其心灵健康，两卷并附录，摘要》。这是人们第一次知道这部著作的真实名称 Korte Verhandeling van God, de Mensch en deszelfs Welstand，并且也是第一次知道这部著作的约略内容，它是分章的，其中一章论魔鬼。

1852 年，Boehmer 发表了这一个《摘要》，并且附了一个拉丁译本。

紧接着，1852 年 Frederik Muller 发现两册手抄本，其中第一册包含了 Spinoza 的这部著作：《简论上帝、人及其心灵健康》的荷兰文全文，书前附有有关 Spinoza 生平的一篇序，并同样附有一份《神学一政治学原论》的《注释》的荷兰译文。第二册包含一份 Spinoza：《以几何学方式论证的笛卡尔哲学原理》的荷兰译文。

在这两个发现以后不久，荷兰学者 Van der Linde 证明了，Boehmer 在他那本荷兰文 Colerus：《斯宾诺莎传》里所见的全部读者附识材料以及 Frederik Muller 发现的两册手抄本全部出于十八世纪阿姆斯特丹的一个医生，Monnikhoff 的手笔。

又十年，约在 1862 年前不久，发现鹿特丹的一位诗人，Adrian Bogaers 保存着一份时间上更古老的手抄本，其中包含：一份《简论上帝、人及其心灵健康》，一份较早的（未刊印过的）《神学一政治学原论》的荷兰译文，以及同样，一份《神学一政治学原论》的荷兰文《注释》。在《简论上帝、人及其心灵健康》的部分，同样存在着若干 Monnikhoff 的笔迹。

现在知道，后发现的手抄本时间在前，前发现的手抄本时间在后，前者世称 A 稿，后者世称 B 稿。

这两份手抄本现在保存在荷兰海牙的皇家图书馆。

1862 年，Van Vloten 主要以 B 稿为主，个别地利用了 A 稿的内容，在阿姆斯特丹的 Frederik Muller 处，第一次正式出版了 Spinoza 的这部著作，即《简论上帝、人及其心灵健康》，并称之为《倍内狄托·斯宾诺莎全集补遗》。《补遗》本附有 van Vloten 的一个拉丁译文，这个译文，可惜一般公认并不能令人满意。

（当时已经可以断定，A 稿不但时间在先，并且内容价值胜于 B 稿。）1869 年 Carl Schaarschmidt，同样在 Frederik Muller 处，出版了 A 稿的全文。

不久，根据德国学者 Christoph Sigwart 对于这一著作的研究，荷兰学者 Antonius van der Linde 对 A、B 两稿作了一次详尽的校订，在这个校订的基础上，1870 年 Sigwart 本人又出版了一个同时根据 A、B 两稿的德译本，附有重要的引论和详细注释。这是第一次出现的这部著作的完善的校释本。

1882 年，这两个抄本同时收入 Van Vloten-Land 的 Spinoza 全集本。

三

在 A 稿之前有一个《前言》，明白说到荷兰文译自一个 Spinoza 的拉丁原本。B 稿没有这个《前言》，但是，以下看到，B 稿主要以 A 稿为基础。

但是，不论 A 稿和 B 稿都不是这部荷兰文译稿的原本。

上面说过，B 稿出于十八世纪阿姆斯特丹的一个医生 Monnikhoff，Monnikhoff（1707—1787），现在知道，是一个笛卡尔主义者 Deurhoff 的极度崇拜者。Deurhoff 与 Spinoza 约略同时而稍晚

(1650—1717)。Deurhoff 当曾精研 Spinoza,但是对 Spinoza 抱批判态度。Monnikhoff 保藏了 Deurhoff 的文稿,曾以极虔诚的心情抄录了 Deurhoff 的几乎全部作品。

B 稿确切出于何时已不可考,但是上面说到 B 稿之前附有一篇 Monnikhoff 关于 Spinoza 生平的序,序文说到 1743 年 Spinoza 家属修葺 Spinoza 旧居的事,因此最早当不早于 1743 年。

A 稿有若干改错和边注同样出于 Monnikhoff,因此 A 稿当是 B 稿的底本之一。至于在 A 稿以外,Monnikhoff 是否尚据有其他底本(C 稿),各家意见不一。Schaarschmidt 否认这一点,Sigwart 肯定这一点。Sigwart 以为 B 稿句读往往优于 A 稿,因此主张 Monnikhoff 如果并不据有拉丁原本,至少据有另一份优于 A 稿的荷兰文底本。但是 C. Gebhardt 在对照了 A、B 两稿的全部异文以后,认为 A 稿是 B 稿的唯一来源,因此 B 稿并不具有任何原始史料价值。

从 A 稿的荷兰文书法、拼写看,可以确定是十七世纪遗物。但是同样 A 稿也不是译稿的原始抄本。

这个抄本字体端正,书写认真;但是拼法差错,句法舛误,比比皆是;正文往往有增伪的文句,显然是读者附注,传抄时窜入本文的,并且至少有一个证据,可以证明这个抄本的底本是一个残本。这些都说明它不是译稿的原本。

这个抄本出于什么人现在已不可考。注释家只能作一些可能的推测。

上面说道,和 A 稿在一起有一份《神学—政治学原论》荷兰译文的全文抄本。《神学—政治学原论》两个荷兰译本分别出版于

1693—1694年。A稿这个译本内容和以上两个刊印本不同，并且以后也从未出版。可以想见，在两个刊印本出版以后没有必要全文抄录这样一个以后从未出版的译本，因此A稿当在1693—1694年以前。

1703年，Stolle在Rienwerts处除了《简论上帝、人及其心灵健康》以外，同样看到一份不知译者姓名的《神学—政治学原论》荷兰译文抄本。1703年小Rienwerts不知道这个译本的译者姓名，并且也没有提到它和1693—1694年两个刊印本的关系，可以想见它并不是1693—1694年两个译本。有理由可以假定，Stolle所见的译本和A稿所附的《神学—政治学原论》译本是同一的内容。

但是A稿决不就是Stolle所见的老Rienwerts自己的抄本，因为今天还保有老Rienwerts的一些笔迹。同样它也绝不是Deurhoff的抄本，因为今天同样也保有Deurhoff的一些笔迹。

并且，A稿的书法端正、虔敬，而拼写、句法舛误特甚，一般说与Deurhoff的文化修养不称；再则，A稿的《前言》必定出于一个热烈维护Spinoza而与Spinoza在精神思想上密切关联的人。

从这些方面看，注释家认为A稿，或至少《简论上帝、人及其心灵健康》的荷兰文译稿，和Spinoza的一个密友Jarig Jelles有密切的关系。

Jarig Jelles原是阿姆斯特丹的一个杂货商，以后他放弃了他的杂货经营而致力于心智、道德的修养。他是Spinoza最忠实的朋友和学生之一，热心于传布、出版Spinoza的学说著作。《简论上帝、人及其心灵健康》这一著作，从各种证据看，是Spinoza早期向几个密友和学生讲述他的学说的讲稿，至少讲稿文字、或甚至当时口述都是用的拉丁文。Jarig Jelles 是当时受课诸人之一,现在知道 Jarig Jelles 不通、并且可能是其中唯一不通拉丁文的人,因此《简论上帝、人及其心灵健康》的荷兰译文至少最初主要是为了 Jarig Jelles 而译,并且这个译稿的原件可能为 Jarig Jelles 所保有。此外,我们知道,远在 1671 年 Jarig Jelles 就准备出版一个《神学一政治学原论》的荷兰译本,遭到 Spinoza 竭力劝阻才放弃了这个计划。可以设想,Jarig Jelles 以后也保有这个《神学一政治学原论》荷兰译文的抄本。

因此,很多注释家曾同意 W. Meizer 的推断,认为 A 稿如果不是 Jarig Jelles 本人根据他保有的《简论上帝、人及其心灵健康》译稿原件抄录的,至少是一个由他的抄本而来的抄本。

C. Gebhardt 主张 A 稿出于老 Rienwerts 的抄本,而老 Rienwerts 自己录自一个当初为 Jarig Jelles 的需要而存在的译稿。但是由于他确认 A 稿所根据的是一个译稿的残本,因此 C. Gebhardt 认为 A 稿决不代表 Jarig Jelles 所保有的译稿的原来面目。

最后,关于为 Monnikhoff 两次抄录、为 B 稿所附有的《摘要》,它的作者对于 Spinoza 哲学的了解比 A 稿的抄写者深入、周密,但是和后者不同,他对于 Spinoza 抱有一定的批判态度,并且他根据一个比 A 稿更加完整的底本。一般认为这个《摘要》出于 Deurhoff。

四

现存的《简论上帝、人及其心灵健康》的这两个抄本既不是这一著作当时译稿的原件，并且，可以相信，当时的译稿本身和 Spinoza 拉丁文原著内容也不可能完全一致。

现存的、包括在《简论上帝、人及其心灵健康》这一名称下的著作，实际上包含以下四个部分：

Ⅰ. 正文部分，分为两卷：第一卷十章，第二卷二十六章和一个《序论》。这一正文部分，既有 Stolle 的证明在前，A 稿的《前言》也曾明白说明，并且和《伦理学》内容基本上一致，它绝大部分是 Spinoza 本人的著作是无可怀疑的。但是其中除了少数显然出于读者附识，后来传抄窜入本文的增伪以外，其他内容重复，错乱，前后矛盾，上下脱节，或中途插入的，不一而足。

Ⅱ. 全书三十二个大小不等的附注；这些附注多数可以看出出于 Spinoza 本人，其中有若干极重要的附注，或者重新组织了本文的思想，或者在修正了的基础上更系统地发展了本文的思想，可以看出是 Spinoza 后加的。但是也有内容平凡，意义含糊，或与本文直接抵触的附注，可以怀疑是否出于 Spinoza 本人。

Ⅲ. 在正文第二章以后插入的两个《对话》；其中至少有一个著作年代显然在全书之前很久。两个《对话》的内容一部分承接了前文，一部分预先假设了后文的思想，也有一部分思想为全书通篇所未见。此外，在第一个对话中有一个论点，更是 Spinoza 在他的任何其他著作中所未曾持有过的论点。

Ⅳ. 一个分成两部分的《附录》；前一部分《论实体》，和他在《笛卡尔哲学原理》中一样应用了《几何学的论证方式》，它包含七个公理，四个命题，一个引申命题和这些命题的证明；后一部分称为《论人的心灵》，则只是普通的分节直叙。这个《附录》的内容事实上和本文相同,但是试图用一个不同的规划来结构全部的思想。可以看出这是从这一著作到《伦理学》的最初的过渡。

要了解这部著作这样的内容和形式,需要了解这一著作产生的情形,以及拉丁文原稿和它的译稿的关系。

Spinoza 1656 年在阿姆斯特丹受犹太教会逐教,逐教前后,开始和一些具有自由思想倾向的基督徒、新教徒来往,其中若干人后来成为他的密友和学生。《简论上帝、人及其心灵健康》就是为这一个密友兼学生集团而开始写作的。1660 年 Spinoza 从阿姆斯特丹移居 Rizusberg,这一著作的正文部分完成于移居之初。移居以后不久,为了向一个学生讲授笛卡尔哲学,Spinoza 可能先著述了《形上学名义通释》,然后著《以几何学方式论证的笛卡尔哲学原理》第二卷,《简论上帝、人及其心灵健康》的《附录》当是同时,约 1661 年夏秋间的作品。但是,在这以前,约在写作《形上学名义通释》的同时,Spinoza 开始了一部重要的著作:《论悟性的修养》,直到 1661 年或 1662 年初,我们看到,Spinoza 可能曾希望把这一部方法论的著作《论悟性的修养》和《简论上帝、人及其心灵健康》结合成为一部"整全"的著作,在这一时期前后,他当在《简论上帝、人及其心灵健康》的原稿上作过不少修正、补注,以及为重新组织原稿而作的备忘的笔记。《论悟性的修养》没有写毕,由于内在、外在的困难暂时被迫停止了,但是,在写作这部方法论著作的过程中却逐渐明确了、肯定了他的形上学体系的性质和方法。1663 年出版了《论笛卡尔哲学原理》全书,就正式放弃了《简论上帝、人及其心灵健康》这部早期的初稿,而全力进行《伦理学》的著述。

由于《笛卡尔哲学原理》著述过程的先例,我们知道 Spinoza

是习惯于以讲稿整理成书的。《简论上帝、人及其心灵健康》最初是一个讲稿，除了它和几个密友学生的关系，以及体例上的零乱以外，从若干文字细节上也是可以证明的。并且，不论是否 Spinoza 事先完全没有原稿，单纯由学生笔录而成原稿，或者至少 Spinoza 事先有一份提纲，由学生笔录补充而成原稿，总之，有一定的理由可以相信，Spinoza 主要曾用拉丁文讲述，并且，如 A 稿《前言》所说，笔录而成的讲义原稿是拉丁文的。1660 年 Spinoza 从阿姆斯特丹移居 Rizusberg，从正文的最后部分可以看到，Spinoza 继续寄去了这部著作的最后部分。

这部原稿，和 Spinoza 的其他著作一样，当随即被他的学生译成荷兰文，他的学生保有荷兰文的译稿，而 Spinoza 本人则保有拉丁文的原稿。

Spinoza 在他的原稿上，特别是 1660 年离开了阿姆斯特丹，和计划把《论悟性的修养》和《简论上帝、人及其心灵健康》合成一部著作的时期，继续修正、补充，作了笔记和附注。这些修正、补充的条目为他学生所得，并译成荷兰文以后，在荷兰文的译稿上附加的部分未必附加在正确的所在，删除的部分未必尽予删除，修正改写的部分未必尽如原样，笔记、附注可能找不到与它相关的本文。

1663 年前后 Spinoza 开始《伦理学》的著述以后，他本人已经放弃了这部早期的著作，并从 Rizusberg 把《伦理学》最初写成的一部分命题陆续寄给他在阿姆斯特丹的朋友和学生。但是，正如 Monnikhoff 所说，《伦理学》的几何学论证方式使它比原来的这部著作“更加晦涩”；《简论上帝、人及其心灵健康》的译稿，事实上，在他的学生中间继续传抄。在传抄中，或者正文误作附注，或者附注误入正文,脱节的所在也许作一些补缀,不可解的地方也许加一些按语。从而产生我们现有的这部著作的面目。

关于这部著作各部分的确切著述年代,是为注释家纷争颇多的一个问题。由于确定这部著作是一个讲稿,它的正文部分,比较可信的推测,当开始写作于 Spinoza 的密友和学生集团已经形成之后,有人定为 1658 年左右。关于被插入第一卷第二章以后的两个《对话》,绝大多数注释家认为至少第一个对话是全书以前很早的作品,从而是 Spinoza 思想最早的萌芽,它的著述年代最早的估计推溯到 1651 年以前,并认为是研究 Spinoza 思想形成的重要材料。第二个对话的著述年代,甚至内容真伪各家意见不一,一般认为有可能在全书之后。但是也有认为这两个对话是一个不可分的整体,同样写成于全书之后,以全书的内容为它们的内容的前提,是 Spinoza 本人所附加,以阐明正文的思想的。

大多数的附注,如上所述,写成于正文以后;《附录》则写成于 1661 年夏秋之前。

五

关于 Spinoza 这部早期著作各种文字的译本,上面说过,1862 年 van Vloten 根据 B 稿最早出版了荷兰文原文,同时附有一个拉丁文译本,除了其他缺点以外,一般认为最大的缺点是它的拉丁文词汇和 Spinoza 自己的拉丁文词汇不一致,从而有碍于对这一部著作思想的理解。这个译本称为《补遗》本:Ad Benedicti de Spinoza Opera quae supersunt annia Supplementum, Amsterdam,

Fr. Muller，1862。

德文最早的译本分别出版于1869年和1870年。前者是C. Schaarschmidt根据A稿的德译：B. de Spinoza kurzgefasste Abhandlung von Golt，dem Menschen und dessen Glueck，Berlin，Heimann，1869。这一个译本简单否认B稿的价值，但一般认为它对A稿也并不完全信达。后者是C. Sigwart的译本：Benedict de Spinozas kurzer Fractat von Golt，dem Menschen und dessen Glueckseligkeit，Freiburg und Juebigen，Mohr 1870。这个译本同样根据A稿，利用了van der Linde对A、B两稿的研究，是一个著名的校释本。这个校释本的基本论点是认为在A稿之外，B稿有更优于A稿的底本。我们所知的最近的德译本是1922年C. Gebhardt在他自己所编Spinoza德译全集本中的译本：Spinoza kurze Abhandlung von Golt，dem Menschen und seinem Glueck，Leipzig，Felix，Meiner。这个译本把A、B两稿的全部异文作了一个对照，列作一个《校勘记》，推翻了Sigwart的论点，认为A稿是B稿的唯一来源。这个译本的前面有一篇详细的《序论》。

法文的这一部著作的第一个译本是1878年的Paul Sanet的译本：Supplement aux ocuvres de Spinoza：Dien，l'homme et la beatitude，Paris，Bailtiere；现在已不为人利用。第二个、也是我们所知的最近的译本是1907年Ch. Appuhn的译本：Conrt Fraite de Dien de l'homme et de la Sante de son arnne，在Ocuvres le Spinoza中，Paris，Garuier。这个译本有一篇《引言》，对于A、B两稿来源、内容、著述年代等等作了详尽、精审的说明，书后附有大量《注释》，详尽地指出这一著作和Spinoza其他著作内容

的关系，是阅读和研究 Spinoza 学说的很好的导引。这个译本受到 C. Gebhardt 的好评，并且为近代研究 Spinoza 的法文著作所广泛摘引。

在荷兰文本身，1899 年有著名的 Spinoza 学者 Willem Meizer 以近代荷兰文整理的译本：Korte Verhandeling van God，de Mensch en deszelfs Welstand，Amsterdam，van Looy：Meizer 的《序论》有很多重要的创见，为后来 Spinoza 研究者所广泛援引。

第一个英文译本是 1909 年 Open Conrt 丛书中的译本，Ludia Gillingham Robinson 的 Spinoza's Short Freatise on God，man and human welfare，Chicago，the Open Conrt Publishing Co.，仅有白文。但是第二个、也是我们所知的最近的一个英文译本是一个有很高学术价值的译本，1909 年 Abraham Wolf 的 Spinoza's Short Freatise on God，man and his Welf-being，London，Black。Wolf 通过他的《序论》、《注释》和 Spinoza 的生平传略，使他的这个译本成为对 Spinoza 整个哲学的导论和参考书。

Spinoza 的这一著作发现以后，重要的研究文献首先有 C. Sigwart 的论著 Spinoza's neuentdeckter Fractat von Golt，dem Menschen und dessen Glueckseligkeit，Gotha，1866；它除了分析这一著作的内容，确立著述年以外，主要在于比较研究 Spinoza 这一著作和 Giordano Bruno 的关系。以后，Boehmer，Spinozana (Zeitschrift fuer Philosophie，Bd. 41－57，1862－1870)，van der Lindes，Notiz fuer Literatur des Spinozasmus (Zeitschrift fuer Pholosophie Bd. 45，1864)都在这一著作的文字整理上进行过重要的工作。Trendelenburg，ueber aufgefundenen Ergaenzungen zu Spinozas Werken，(Historische Beitraege fuer Philosophie Bd. 3，Berlin，1867)首先讨论这一著作和新经院哲学的关系。此外，Avenarius，ueber die beiden ersten Phasen des Spinozischen Pantheismus und das Verhaeltnis der zweiten zur dritten Phase，Leipzig，Avenarius，1868；Ziel，zur Genesis der Lehre Spinoza's mit besonderer Beruecksichtigung des kurzen Fractats，Breslau，Schletter，1871；Busse，Beitraege fuer Entwicklungsgeschichte Spinozas，Berlin，Schade，1885；以及 Balzer，Spinoza's Entwicklungsgang besonders nach seinem Briefen geschildert，Kiel.，Lipsius und Fischer，1888 年——这几部论著，都从这一早期著作出发不同地研究了 Spinoza 思想形成、发展的过程。但是，对于 Spinoza 这一早期著作最重要的研究是 J. Freudenthal 的工作；后者，首先在他的 Spinoza und die Scholastik (Philosophische Aufsaetze Bd. Zeller gewidment，Leipzig 1887)里，详细阐明了 Spinoza 和新经院哲学的关系；然后，在他的 Spinozastudien (Zeitschrift fuer Philosophie，Bd. 108－109，1896)里，根据这一著作产生的情形，系统地进行对这一著作内容文字的整理。J. Freudenthal 的 Spinozastudien 已经成为后世研究 Spinoza 这一著作的经典作品。在 Freudenthal 以后，C. Gebhardt 是研究 Spinoza 的一个重要作家；C. Gebhardt 在他的著作 Spinozas Abhandlung ueber die Verbesserung des Verstandes (Heidelberg，Winter，1905)里研究了 Spinoza 几部早期著作的关系和这一部著作产生的情形；此外，他的另一部著作 Spinoza und der Platonismus (Chronien Spinozanum，II，Hagae Comitis，Curis Societatis Spinozanae, 1921)和他的《简论上帝、人及其心灵健康》译本的《序论》本身,都是研究这一著作和 Spinoza 思想来源的重要著作。

目　录

第一卷　论上帝

第二卷　论人和属于人的东西

C. Gebhardt 撰写的倍内狄托·斯宾诺莎著《简论上帝、人及其心灵健康[①]》（两卷并附录）一书摘要

论著的第一卷分为十章。

在第一章里作者指出，他自己心中具有一个上帝的观念；按着这个观念，他定义上帝为这样一个东西，这东西包含无限个属性，其中每一个属性是在它自己那一类之中无限地完善的，并且他由此得出，存在属于它的本质，或者说上帝必然存在。

于是为进一步说明在上帝的性质和本质中具体地包含一些什么完善性，他转入第二章讨论实体的性质。关于这一点他要求证明，它必然是无限的；从而只能存在一个唯一的实体，不论它是有限的还是无限的[②]；以及一个实体不能由另一个实体产生，而是凡是存在的一切东西都属于这一个唯一的实体（他称之为上帝）；因此思想的自然和广袤的自然是它的无限个属性中的两个属性，其中每一个在它自己那一类之中是极其完善和无限；并因此，一切个别的、有限的、受限制的东西（如他在以下将更详细说明的），例如人的心灵、躯体等等，应该理解为是这些属性的种种式态；这些属性通过这些式态，而那个实体或者说上帝再通过这些属性表现为

无限的万殊。这以后,通过若干对话,他又对所有这一切作了更详尽的说明和论证。

由此,在第三章里,得出如何上帝是万物之因,并且是一个内存的原因等等。

但是为了说明,按他的说法,什么是上帝的本质的属性[③],他转入

第四章,其中他证明上帝是一个必然的万物之因,万物的性质不可能和它们既有的不同,或者说,它们不可能以另一个方式或秩序为上帝所产生,就像上帝不可能在它的现实的、无限的存在所具有的性质或本质之外,具有另一个性质或本质一样。这一个所谓因果的决定[④],或者说这一个既有的、万物存在和作用的必然性,在这里就称为上帝的第一个固有性。

然后,在第五章里,作为上帝的第二个固有性讨论一种势用,通过这势用,作者说,整个自然并从而每一个个别的东西努力并趋向于保持它的存在和本质。这势用,就它遍及万物全体来说,称为上帝的普遍的天命,但是,就它在于每一个个别的东西本身说,不问它和自然其他部分的关系,称为上帝的特殊的天命。

然后作为上帝第三个固有性,在第六章里提出上帝的命定,或者说上帝的预先决定,后者普及于自然全体以及每一个个别的东西,并从而排除了一切偶然。这里,作者主要根据第四章;因为既已承认这样一个基本的命题,宇宙大全(他称之为上帝)不论在本质还是存在上都是必然的,并且凡是一切存在的东西都从属于它,从这一伪误的基本命题出发就必然得出一个不可免的结论:在它之中不可能存在任何偶然。这以后,为了廓清某些反对意见,作者

又分别地说明了他关于恶、罪、混乱等等的真正原因的看法，并这样结束了关于上帝的本质的固有性的讨论[5]；从这里，于是，他转入

第七章，讨论这样一些上帝的固有性，这些固有性，作者说明，只是相对的而不是固有的，或者只是它的本质的属性的一些标志。这里，他简短地讨论和驳斥了亚里士多德主义者[6]关于上帝定义的性质，以及关于上帝存在的证明所抱有的，并为他们所树立的种种见解。

但是为了明确理解，按作者的意见，在产生的自然和被产生的自然之间的不同，他在第八、九两章分别就这两者作了简略的说明。

然后，在第十章里，和在第六章里一样，说明人如何在形成某些普遍概念以后，把东西和这些普遍概念联系起来加以比较，由此形成一个好、坏的概念，和普遍概念符合的东西称为好，不同的、不符合的东西称为坏；因此好、坏不是别的，只是理性的东西或者思想的方式。

这样就结束了这一论著的第一卷。

在第二卷里，作者阐明他关于人的境况的看法。首先人如何受被动感情的影响，并且为这些感情所奴役；其次他的理性的运用能够及于什么；以及最后，用什么方法能达到他的康乐和最完善的自由。

这样，在这一卷的《序论》里他简略地讨论了人的性质以后，就进一步在第一章里，讨论几种不同的认识或知觉，并说明这些认识或知觉如何以四种方式在人里面产生，这就是

1. 通过听闻、某种记述或其他的符号[⑦];

2. 通过单纯的经验;

3. 通过纯粹的、正确的理性,或者真实信仰;

4. 通过对东西本身的内在的享有和清楚的直观。

所有这一切,都通过一个属于三数定律的例子作了解释和说明。

为了清楚、明确地理解这四种认知方式的后果,在第二章里,首先作出它们的定义,然后分别列举每一种认知方式的作用。第一种认知方式[⑧]的作用,作者指出,是那些和正确的理性冲突的被动感情或者心灵困扰,第三种认知方式的作用是良好的欲望,第四种认知方式的作用是正确的爱恋和由这种爱恋而来的一切东西。

于是在第三章里,他首先讨论那些由第一、二两种认知方式,也就是说由意见产生的被动感情,特别是惊讶、爱恋、憎恨、欲望。

然后,在第四章里指出第三种认知方式对于人有什么效用,这第三种认知方式告诉我们应如何按着理性的真实指导生活,激励他去爱恋那唯一值得爱恋的东西;告诉他如何识别和区分那些由意见产生的被动感情,并从而为他指出其中哪些可以遵循,而哪些是应该趋避的。并且,为了更详尽说明理性的这种效用,作者

在第五章讨论爱恋;

在第六章讨论憎恨与嫌恶;

在第七章讨论欲望、欢乐与悲戚;

在第八章讨论推崇与轻蔑;

在第九章讨论希望与恐惧;

在第十章讨论悔恨与懊恼;

在第十一章讨论嘲笑与戏弄；

在第十二章讨论荣耀、耻辱与无耻；

在第十三章讨论好感、感激与负义；

以及最后，在第十四章讨论了惋惜。

这样，在按着作者的看法说明了关于种种被动感情所需要说明的一切以后，他转入

第十五章，讨论真实信仰，或者说第三种认知方式的最后一个作用，这就是，它是一个工具，使我们能区分并且意识到什么是真实的和谬误的。

斯宾诺莎在这样按他的看法说明了什么是善、恶，真、伪，以及一个完善的人的心灵健康在于什么以后，认为我们应该讨论我们是自由任意地还是被迫不得已达到这种健康的。

关于这一点，他在第十六章里说明：什么是意志；所谓意志，他说，绝不是什么自由的东西，而是我们意愿这个、那个东西，肯定或否定这个、那个东西，从任一点说，都是由某些外在的原因所决定的。

但是为了不把意志和欲望混为一谈，在第十七章里他指出它们的差别。他认为欲望，和悟性、意志一样，并不是自由的东西，而是一切欲望和这一个意愿、那一个意愿一样，都是外在的原因所决定的。

又，为了鼓励读者接受所有以上这些学说，他在第十八章里广泛地列举了，按他的看法，这些学说所包含的优点。

但是，人能不能通过上面所说的信仰、或者说第三种认知方式达到最高的善和最高的福祉并从那些有害的被动感情里解放出

来,这一点我们的作者在第十九、二十两章进行讨论,在后一章里他说明,心灵和躯体是结合在一起的,并且通过躯体接受种种影响,这些影响,被心灵理解为好、坏两种方式,是各种被动的感情的原因。又,因为有这样一个意见,根据这个意见,上面所说这些躯体的影响被理解为好或坏并从而产生种种被动的感情,这个意见,按第二卷第一章,在第一种认知方式中来自听闻或其他外在的符号,在第二种认知方式中来自我们自身的经验,因此,在第二十一章中,作者证明:因为凡是在我们之内的东西比从我们之外而来的东西对于我们具有更大的支配力,因此理性可以是消灭我们从第一种认知方式得来的那种意见的原因,因为理性不像后者那样,是从我们之外而来的东西,但是它决不能是消灭我们从第二种认知方式得来的那种意见的原因,因为凡是我们在我们之内享有的东西不能用某种更有力的、在我们之外的、只是我们通过理性才认识的东西去克服它。

因此既然理性或者第三种认知方式不能使我们达到我们的心灵健康,或者克服由第二种认知方式产生的被动感情,斯宾诺莎就在第二十二章讨论,什么是达到这个目的的真实途径。关于这一点,由于上帝是心灵所能认识、所能持有的最高的善,因此他得出,只要我们和上帝的结合或者对于上帝的认识和爱恋与我们和躯体的结合同样密切,并从而取得,也就是说,一种不是由于理性的推理,而是由于内在的享有和与上帝的直接结合而取得的知识,我们就能通过这第四种认知方式而达到我们的最高的康乐和最高的心灵健康;因此这最后一种认知方式不单为达到这个目的所必需,并且是唯一的方式。又,因为这样,在我们之中产生一种最优越的影响和一种不变的稳定,他给后者一个名称,称为具有这种影响和稳定的人的"重生"[9]。

现在,按作者的说法,既然人的心灵是某一个特殊的东西在思想的实体里的一个观念,而心灵则由于这个观念而和这个东西结合在一起,因此,在第二十三章里,他得出,心灵的稳定和变化取决于它作为它的观念的那个东西的性质,并因此,如果心灵只在于和这样一个东西的结合,这个东西,例如躯体,是有时间性的、变化的,它就必然会和这个东西一起经受被动的影响,一起消灭,反之,如果它和一个永恒的、不可变的东西结合在一起,它就免于一切被动的感情并分享一种永生。

又,为了不忽略任何与此相关值得注意的问题,作者在第二十四章里讨论,我们对上帝的爱恋是不是相互的,也就是说,是不是它意味着上帝也爱恋人,或者说宠爱人。在对于这一点加以否定以后,他按照前面叙说过的学说,阐明什么是上帝的法则,什么是人的法则。在这以后,他同样驳斥了这样一些人的看法,这些人以为上帝不是通过它自身的本质,而是通过它本质以外的东西显现它自己并使它自己为人所知,也就是说通过某种有限的、受限制的东西或某种外在的符号,例如某些语言或某种奇迹。

并且,既然按他的看法,一个东西的时间延续取决于它自身的完善,或是取决于它和另一个性质上比它更完善的东西的结合,因此在第二十五章里他否认有魔鬼的存在,因为他断定,这样一个缺乏一切完善并且和一切完善没有结合的东西(这是他对魔鬼的定义),既不可能具有任何本质,也绝不可能存在。

因此我们的作者撇开魔鬼不谈,唯独从考虑人的性质出发,定义种种被动感情,并指出用什么方法驾驭这些感情,以及如何可以达到人类的最高福祉之后,在第二十六章里他为我们说明,什么是从第四种认知方式产生的、人的真正的自由。为此,他首先提出以下这些原则:

1. 一个东西愈具有较多的本质,它也就愈具有较多的能动性,较少的被动性。

2. 一切被动感情不是出于内在的、而是出于外在的原因。

3. 一切不是由一个外在的原因产生的东西和这个外在的原因没有丝毫共同之处。[10]

4. 为一个内在的原因所产生的一切后果,当这个原因继续存在时,是不可能变化或消灭的。

5. 最自由的并且按他的看法和上帝最符合的原因,是内在的原因。

由这些原则他得出以下的命题:

1. 既然上帝的本质包含一切能动性并且蕴涵对一切被动感情的否定,因此,凡是和上帝结合为一的东西分享上帝的本质并免于一切被动感情和腐蚀;

2. 真实的悟性不可能消灭;

3. 凡是真实的悟性产生的一切后果,和它结合为一,都是最优越的,并且和它的原因一起,必然是永恒的;

4. 凡是我们在我们之外所产生的一切,愈有可能和我们结合为一,就愈完善。

从上面所说的一切,于是他作出结论,人的自由在于我们的悟性通过和上帝的直接结合而取得的一种坚固存在,从而尽管它[11]

和由它产生的后果既不受任何外在原因的影响,也不可能为任何外在原因所消灭⑫或变化,相反,它保有一种永恒的、不变的延续。

这样斯宾诺莎结束了他这一论著的第二、也是最后一卷。

但是,在这以后他又添加一篇附录或增补,内容只是以上所说各点的一个提要。其中第一部分论实体的性质,以几何学方式论述,就内容来说相当于刊印的作者《伦理学》卷一,命题八以前;第二部分讨论人的心灵以及它如何和躯体结合。⑬

此外,斯宾诺莎在这一著作的很多处所添加了附注以阐发或进一步说明他的思想。⑭

注 释

① “心灵健康”。

荷兰原文“Welstand”; C. Schaarschmidt, C. Gebhardt 并作“Glueck”; A. Wolf 作“Well-being”; C. Sigwart 作“Glueckseligkeit”。P. Sanet 作“Beatitude”。

Ch. Appuhn 以为相当拉丁文“valetudo”,作“Sante de [son] ame”。

② “从而只能存在一个唯一的实体,不论它是有限的还是无限的”。

C. Gebhardt 注,B 稿这两个子句前后倒置,并在“一个唯一的”下增“性质上同一的”。

Ch. Appuhn 更依 W. Meizer 改,以“不论它是有限的还是无限的”置“以及一个实体不能由另一个实体产生”句下。

③ “本质的属性”,我们据 C. Gebhardt:“Attribute”。荷兰原文“Eigenschap”。

Ch. Appuhn 为与正文一致,作“Proprietes”,“固有性”。

Ch. Appuhn 指出,荷兰文译者往往不分“Propria”与“Attribute”;正文本身这两个词往往混用。

④ “这一个所谓因果的决定”句前，Gebhardt 注，B 稿增：“Kein Wunder, wenn die Geschopfe nach Spinozas Meinung zur Goettlichen Natur gehoren und mit ihr nach Massgebe ihrer Leistung identisch sind, sie in sofern zum Ausdruck bringen”。

⑤ “并这样结束了关于上帝的本质的固有性的讨论”句，C. Gebhardt 注，B 稿所无。

⑥ C. Gebhardt 注，“亚里士多德主义者”下增“由此”(daraus)一词。

⑦ Gebhardt 注，“或其他的符号”B 稿所无。

⑧ “第一种认知方式”，Gebhardt, W. Meizer, Appuhn 注，B 稿作“第一、第二种认知方式”。

⑨ “又，因为这样，在我们之中产生一种最优越的影响和一种不变的稳定，他给后者一个名称，称为具有这种影响和稳定的人的‘重生’”。

Gebhardt W. Meizer Appuhn 注，B 稿“具有这种…的人”句接上文“一种不变的稳定”句；全文当如：“又，因为这样，在我们之中产生一种最优越的影响和具有这种影响的人的不变的稳定，他把后者称为‘重生’”。

⑩ C. Gebhardt 注，“……丝毫共同之处。”下 B 稿增“由此得出”。

⑪ “尽管它……”，Ch. Appuhn 作“尽管它[人的心灵]……”。

⑫ “消灭”(“Vernichtet”)，C. Gebhardt 注，B 稿作“削弱”(“Vernindert”)。

⑬ “但是，在此以后……以及它如何和躯体结合。”C. Gebhardt 注，B 稿作：“Dazu hat er noch als Anhang einen Entwurf ueber die Natur der Substanz gefuegt, der auf geometrische Weise geordnet ist und ferner eine Untersuchung ueber die Natur der menschlichen Seele und ihre Vereinigung mit dem Koerper enthaelt.”

从 Gebhardt 的译文看，荷兰原文当是混乱的，大意似是：“在这以后，作为附录，他又添加一份讨论实体的性质的提要，以几何学方式论述，此外又包含一份对于人的心灵的本性及其与躯体的结合的讨论。”

⑭ “此外斯宾诺莎在这一著作的很多处所添加了附注以阐发或进一步说明他的思想。”Gebhardt 德译作：“Ferner hat Spinoza dieses ganze Werke an vielen Stelle mit Anmerkungen zur Erweiterung oder naheren Erklaerung der

Dinge versehen. "Gebhardt 注,此节以下 B 稿增"und lateinisch geschreihen , woraus die Abhandlung, wiehier folgt, ins Hollandische uebersetzt ist. ""又,斯宾诺莎以拉丁文著述这一论著,这一论著如以下看到的那样,又迻译为荷兰文。"

第 一 卷

论　上　帝

第一章　论上帝存在

§ **1**　至于第一点，即是否有一个上帝存在，我们说，这一点可以证明如下①：

首先是先天地以下列方式证明：

1. 凡是我们清楚、明确地认识到属于某一东西的性质的*，我们也可以实际上肯定它属于这个东西。

但是，我们能够清楚、明确地认识，存在属于上帝的性质。

因此……

又可以以下列方式证明②：

§ **2**　2. 东西的本质是亘古以来永恒如此，而且千秋万世永恒不变的。

上帝的存在是本质。④

因此：

§ **3**　后天地，以下列的方式：

如果人具有一个上帝的观念，上帝**必须形式地存在。

* 我们指这样一种特定的性质：由于它，一个东西才是这个东西，并且它不能以任何方式从那个东西上剥去而不立刻使那个东西破灭；正是如此，例如，具有山谷这一点属于山的本质③，它是一个永恒的、不变的真理，并且将永远在山的概念之中，即使山从来不曾、现在也不存在。

** 根据以下第二章上帝的定义，即上帝具有无限属性，我们可以证明它的存在如下：一切东西，凡是我们清楚、明确地看到它属于一个东西的性质，我们也可以把它真但是人具有一个上帝的观念。

因此：

§**4**　第一点可以这样证明：

如果有一个上帝的观念，那么这个观念的原因就必须形式地存在，并且在它之中包含那观念对象地具有的一切。

但是，有一个上帝的观念。

因此：

§**5**　现在，为证明这一论证的第一部分，我们设置下列这些原则，即：

1. 可认识的东西无限多；

2. 有限的悟性不能思维无限；

3. 有限的悟性，除非为一个外在的东西所决定，不能由它自己认识任何东西。因为正像它没有能力同时认识一切，同样它没有能力去开始或从事，例如[7]，认识这一个而不是那一个，或那一个而不是这一个东西。如果它既不能这，又不能那，那么它就什么都不能〔认识〕[8]。

§**6**　第一部分（或大前提）可以这样证明：

实肯定于这个东西。

但是，一个具有无限属性的东西，有一个属性，存在，从属于它的性质。

因此：

这里，如果有人说：这一点的确可以肯定于观念，但是不能肯定于那个东西自身，这是错误的：因为属于那东西的那个属性关于它的观念并不物质地存在；从而那被肯定于观念的[5]东西既不系属于那东西自身，也不系属于被肯定于这东西的；那么在观念和它的对象之间就有了巨大的差别，从而我们肯定于事物的东西，并不肯定于观念，反之亦然。[6]

如果人的虚构是他的观念的唯一原因，他就不可能思维任何东西。

但是他能思维某些东西。

因此：

§ **7**　现在，因为按第一条原则，可认识的东西无限多，按第二条，有限的悟性不能思维一切，又，按第三条，它没有任何能力认识这一个而非那一个、或那一个而非这一个东西，因此，如果它不是由任何外在的原因所决定，它就不可能认识任何东西。*

* 并且这同样也是错误，如果有人说：这个观念是一个虚构；因为如果它不存在，我们就不可能会具有这样的一个观念；这在上页已经证明，兹再补充如下：

不错，从一个原来由一个东西而来、但是随后被我们抽象地一般化了的观念，我们可以在思想里虚构一个很特殊的东西，在这个东西上我们附加种种别的、由别的东西抽象来的固有性。但是这是不可能的，如果不是我们首先已经认识那个东西本身，由这个东西得出这些抽象的东西。但是假定这一个观念是虚构，那我们的一切其他观念就不能不同样都是虚构。

若果真如此，我们从何发现这些观念之间有这样巨大的不同？因为我们看到有一些观念，它们是不可能存在的；例如人们用两个性质结合起来的一切怪兽，某一个动物既是一只鸟又是一匹马，以及诸如此类等等，这些东西不可能在自然——这个自然我们发现是完全不同地安排的——里发生。

而另一些观念，它们可能存在，但并不必然存在；同时这些观念，不论它们存在与否，它们的本质永远是必然的；例如，一个三角形的观念、不具躯体的心灵里的爱的观念等等，这样的观念，即使我起初以为它们是我所虚构，但以后我仍然不得不承认，它们正是、并且将继续就是它们这样⑨，即使不是我，也没有任何人曾思想过它们。正因为这样，因此它们不是由我所虚构，而是必须在我之外具有一个主体，这个主体不是我，而没有这个主体它们就不能存在。

在这些以外，还有一个第三种观念，并且它是一种独一无二的观念，这种观念本身就表示必然的存在，而不像前面那一种，只是可能存在；因为在前面那一种，本质是必然的，但存在却不必然；但是这一个观念，存在和本质一起是必然的，并且一者不能没有另一。

因此我看到，一个东西的真理、本质或存在并不依靠于我，因为，上面关于第二种观念已经说明，它们没有我，不论单就本质、或既就本质也就存在说，就是它们之所是。同样的情形，甚至更加确切，我看到这第三种观念也是如此；并且不单它不依靠于我，而

§**8**　由所有这些证明了第二点，即一个人的观念的原因不是他的虚构，而是某个外在的原因，这原因迫使他去思维这一个而不是另一个东西，也就是说：那些东西形式地存在着，并且对于他比其他——在他的悟性中有它们的对象的本质的——东西更加密切。因此如果人具有上帝的观念，那就清楚得出上帝必须形式地存在，而不是优越地，因为在上帝以外和以上没有任何更真实、更优越的东西[13]。

§**9**　至于人具有关于上帝的观念，这一点很清楚，因为他认识它的种种属性*，后者不能来自他本身，因为他是不完善的。至于他认识这些属性，这一点由此清楚可知，即：他知道：无限不能由许多不同的、有限的部分组成；不能有两个[14]、而只能有一个唯一

且相反，只有它才能是[10]我所肯定于它的东西的主体；从而如果它不存在，我就绝对不能肯定任何东西于它，如我肯定于别的东西的那样，即使这些东西不存在，因为它必须是一切其他东西的主体。

除了由上文已经可以清楚看到：那最完善的东西的无限的属性这一个观念不是一个虚构，此外，我们还可以证明如下。

在我们仔细考量了自然以后，至今我们还只能在自然中发现两个属性，这两个属性属于这个最完善的东西。但是这两个属性不足以使我们满足，似乎它们就是所有的一切，由它们就构成那个最完善的东西最完善；恰恰相反[11]，我们在我们以内发现某种东西，后者清楚显示不但有更多的、并且有无限的完善的属性，必须属于这个最完善的东西，然后它才能称为最完善。而这个完善性的观念是从何而来的呢？这样的东西不能来自这两个属性，因为二永远只能是二而不是无限。那么来自什么？不能来自我，因为否则我将必须能予我以我所没有的东西。那么从何而来，若不是来自那些无限的属性本身，这些属性告诉我们它们存在，但是至今没有告诉我们它们是什么，因为只有两个属性我们知道：它们是什么。[12]

* 它的种种属性：还不如说，因为他知道什么是上帝所固有的，因为这些不是上帝的属性。上帝若没有它们诚然不是上帝，但是并不是由于它们而是上帝，因为它们并不丝毫说明实质的东西，而只是像是一些形容词，这些形容词为要被人理解，需要具有实词。

的无限；这个无限是完善的、不变的，因为他知道任何东西不会由它自身觅求它自身的消灭，并且这个无限不能变到、或变成某种更好的东西*，就它是最完善的而言，否则它就不是最完善的，并且，他人知道这样一个东西不可能被某种外来的东西所影响，因为它是全能的，等等。

§ **10**　由所有这些清楚得出，我们既可以先天、也可以后天地证明上帝存在。而更好的是先天地。因为凡是用其他方式证明的东西，我们都要用它们的外在的原因去说明它，这明显地是它们的一个不完善，因为它们不能由它们自身为人认识，而只能由外在的原因。但是上帝，一切东西的第一因、从而也是它自身的原因，是由它自身使它自身为人所知的。因此托马斯·阿奎那(Thomas Aquinas)的话语没有什么意义，他说：上帝不能被先天证明，因为它正是不具有原因的。

注　释

①　“至于第一点，即……”，B稿作“关于这一点，即……”。自来注家怀疑此句以上当有一节缺文，因为通常一本书不会从这样一句开始。

C. Gebhardt 认为以下第二章，§ 17 中“因为前面我们已经看到，……关于它一切东西全部地肯定于它”是指这一节缺文。又认为书前摘要中“在第一章里作者指出，他自己心中具有一个上帝的观念；按着这个观念他定义上

---

*　这一变化的原因必须或者来自它自身之外，或者来自它自身以内。不能来自自身之外，因为任何实体，凡是像它那样由它自身而存在的，不依靠于在它之外的东西，从而不可能受任何外来的变化所影响。不能在它自身以内，因为任何东西，更不用说这个东西，不会愿望它自身的败坏；一切败坏自外而至。

帝为一个东西，这个东西包含无限个属性，其中每一个属性是在它自己那一类之中无限地完善的……”是这一节缺文的摘要。

Sigwart（Spinozas neuentdeckter Fractate，Gotha，1866，S. 8），Freudenthal（Spinozastudie，Zeitschrift fuer philosophie，108 Bd.，S. 268—270）都讨论了这个问题。

②　“又可以以下列方式证明”，B稿所无。

③　“例如，具有山谷这一点属于山的本质”。我们按Ch. Appuhn。

Gebhardt据A稿作：“例如山具有山谷这一点属于山的本质，或山具有山谷这一点是山的本质”。

B稿，后半句作：“或山谷属于山的本质”。Freudenthal认为这后半句是译文重复。

Ch. Appuhn显然是取消了后半句。

§1. 第4行“性质”。

§1. Note 1. 第1行“我们指：这样一种特定的性质”。

§1. Note 1，第2—3行“例如，具有山谷这一点属于山的本质”。

A. Rivand，les notions d'essence et J'enistence dans la philosophie de Spinoza，Paris，1906，ch. 1. note 4. 指出Spinoza“性质”和“本质”（natura，essentia）两词同义互用。这里是一个例子。

此外，Ethica，l. p. Ⅶ：“ad natujam substantiac pcrtinet existere”；dcm：“id est，ipsius essentia involvit necessario existentiam，zive ad ezus naturam pertinet existere.”也可以为证。

Rivand指出，在本书中Spinoza应用以下四个名词：1. natura，性质（一般意义下指essentia，本质）；2. wezentheid（＝ essentia，本质）；和wezentheid相对，wezenthjkheid（＝ existentia，存在）；4. wezen（＝ ens，有，东西），wezen（有、东西）混指essentia（本质）和existentia（存在）。而在本书中Spinoza对这四个名词没有作解释。

在中文我们所以特别需要指出这一点，是因为“自然”和“性质”（或《本性》）日译“natura”，而在Spinoza“natura”与“essentia”往往同义互用，这一点，在以中文理解和译注Spinoza中是需要注意的。

④　“上帝的存在是本质。”

这样的说法很不习惯，普通当作“存在是上帝的本质。”C. Appuhn 悬拟拉丁原文当为“existentia Dei est essentia”，而荷兰文译者以 Dei 连属 existentia。但也可能(V. Vloten, Sigwart) Spinoza 为使小前提合于普通三段论式要求，原句形式确是如此。

Cozitationes Metaphysicae, Pars Ⅱ, cap. Ⅰ.：“上帝的存在，和上帝的本质一样，就是上帝本身。”

⑤ “那被肯定于观念的”，A、B 稿并作“那被肯定的”。Freudenthal (Spinozastudien Zeitschrift fuer Philosophie, 108 Bd., S. 251)补“于观念的”。

这一个注从“这里，如果有人说”以下，字句舛误殊甚。虽然经过注释家多方校补，还并不十分清楚可读。

Ch. Appuhn 除接受以上 Freudenthal 的补正外又作了其他增补。Ch. Appuhn 的法译作：

“这里，如果有人说，这一点的确可以肯定于观念，但不能肯定于那东西本身，这是错误的；因为〔东西的观念〕和属于这个东西的那属性的观念同样并不物质地存在；从而那被肯定〔于观念〕的既不属于(appartenir)那东西本身，也不属于(appartenir)那被肯定于这东西的〔属性〕；那么在观念和它的对象之间就有了巨大的区别，从而我们肯定于东西的，我们不肯定于观念，反之亦然。”

Ch. Appuhn 并且认为最后一段，可能从“那么”以下，是某一读者由于本文晦涩，所加的按语。

但是有一点可以清楚肯定的是，反对者的论点代表极端主观唯心论，而 Spinoza 则正是在任何地方都驳斥了这个论点。

Ch. Appuhn 建议，参看 Fractatus de Intellectus Emendatune, § 27。

⑥ V. Vlolen, C. Gebhardt 以本注归于 § 3. 第 2 行，“上帝必须形式地存在”中的“必须”一字下。Ch. Appuhn, A. Wolf, (Spinoza's Short Freatise, London 1910, p. 168)均以之归于 § 2，第 4 行“因此”下。前者属于后天的证明，后者属于先天的证明。

⑦ “例如”B 稿所无。

⑧ “如果它既不能这，又不能那，那么它就什么都不能〔认识〕”。

Freudenthal:(Spinozastudien Zeitschrift fuer Philosophie 108 Bd.，S. 277)以为是译文重复。

⑨ “它们这样”,B稿作:“在它们自身之中”。

⑩ “只有它才能是”,B稿缺“只有”作“它必须是”。

⑪ “但是这两个属性不足以……;恰恰相反”。

V. Vloten版改读:“但是这两个属性不足以使我们满足;因为不但它们不能就是那所有的一切,由此构成那最完善的东西所以最完善,并且恰恰相反……”。

⑫ 这一个注,A稿止于第11行“发生”。以下从第12行“而另一些观念”起,是这个注的附注,置于第6行“一切其他观念”字下。

B稿,上述第一部分直接接§7正文。而注文从第12行“而另一些观念”开始。

Sigwart首先把全注合在一起,认为是一个整体,依次讨论三种观念:不可能真实存在的,可能但不必然存在的,以及最后那独一无二的、上帝的观念。

W. Meizer认为第1行“同样也是错误”似乎是接着§3,note2说,因此在他的版本里又把这两个注合成一个注。

⑬ “而不是优越地,因为在上帝以外和以上……更优越的东西”,无论在内容和文字上都是突兀和费解的。在内容上,上文是从我们具有一个清楚、明确的观念,证明上帝存在;这里突然把上帝存在和上帝优越地存在(Descartes自然神论的学说)、上帝内在地存在(Spinoza泛神论的学说)混在一起。在文字上,说“因为在上帝以外和以上没有任何更真实、更优越的东西”,因此,“上帝不是优越地(存在)”,至少在字面上也是荒谬的,即使我们在意义上的确可以感到这是一句对Spinoza内存说的叙述。

Kuno Fischer (Spinoza Leben, Werke und Lehre, 5. Aufl. S. 225)把这一句读为:“上帝是我们的这个观念的形式的、而不是优越的原因;因为上帝不能具有比这个无限的属性的观念所表示的真实更多的真实”。这一读法实质上,如我们上面所说,是把这一句理解为对Spinoza内存说的叙述;也就是说,如果上帝存在,它不能超出我们上帝观念中的这些无限的属性之外。但是另一方面,也正如Freudenthal反对这一读法时指出,它和本文的字面不符，因为本文明白地说："在上帝以外和以下没有……更真实、更优越的东西"，这并不排斥或正是假定：在上帝以外和以下可以有比上帝较不真实、较次劣的东西，这正是 Descartes 的自然神论的论点。

Freudenthal 提示"没有…更优越的东西"可能是关联到上文"如果人具有一个上帝的观念"，表明因此在我们的观念中不能具有比上帝本身更多的真实，从而证明存在的必是那"十足"的上帝。根据这一理解，Ch. Appuhn 把这一句增补并译为："而不是〔人〕优越地〔具有这个观念〕，因为在上帝以外和以上……"。我们觉得这个读法不免更加牵强。

我们的看法偏于认为这一句是一个读者的附注，传抄中误入本文。这个读者从"形式地"存在一词联想到 Descartes 的关于上帝"优越地"存在的学说，在这里补叙了一句 Spinoza 的关于上帝内存的学说，但是他的叙述在文字上是不正确的。

据 Gebhardt，A. Wolf 同样视为这是一个读者的附注（Wolf，Spinoza's Short Frealise，p. 171）。我们没有看到他的原书。

顺便在这里说一下："形式地"、"对象地"、"优越地"是中古经院哲学的术语。Descartes，Spinoza 都承继、改造、利用了这些概念。简单地说：

一个东西是"形式的"，或"形式地"存在的，是说这个东西具有一种实际的、（不很确切地说）本然的存在。实际的，所以区别于"对象地"（也就是说，只是作为观念的）存在；本然的，所以区别于"优越地"存在，也就是说，它存在在一个比它更高的东西里，这个东西以潜能的方式，在它自己之中含蕴它。（参看 Vocabulaire Technique et Critique de la Philosophie，par A. Lalunde，Paris，1947，"Formel"条）

关于 Spinoza 和经院术语的关系，参看他的笛卡尔哲学原理的附录：形而上学名义通释（Cozilationes Metaphysicae）。但是不能把他在那里的解释全部当作是，也不能全部当作不是他本人的见解，这个问题本身是 Spinoza 哲学研究中的一个专题。

⑭ "两个"B 稿所无。

第二章　上帝是什么

§1　上面既已证明上帝存在，现在我们就可以来说明上帝是什么。它是，我们说，这样一个东西，关于这个东西的一切属性，或者说无限属性，都肯定属于它*，其中每一个属性在它自类之中无限地完善。

§2　现在，关于这一点，为了清楚地说明我们的思想，我们提出以下四个命题：

1. 没有任何受限制的实体**，反之，每一个实体都是在它的自

* 其理由是：既然乌有不能具有任何属性，因此全体就该具有一切属性；正像乌有没有任何属性，因为它是乌有，同样，是一些东西就该具有一些属性，因为它是一些东西。因此，一个东西愈是一些东西，它愈应该具有更多属性；从而上帝，作为最完善的、无限的、无所不是的东西，就应该具有最完善的、无限的、一切的属性。

** 如果我们证明：不能有任何受限制的实体，那么一切实体就都无限制地属于上帝。现在我们证明如下：

1. 或者它自己限制了它自己，或者另一个实体①限制了它。它不可能自己限制了它自己，因为它原来是不受限制的，必须是它曾改变了它的全部性质②。也不能是另一个实体曾限制了它，因为这另一个实体必须或者是被限制的，或者是不被限制的；不可能是前一种情形，从而是后一种情形，从而这另一个实体就是上帝。那么上帝曾限制了它必须或是因为上帝有能力上的缺陷，或是因为上帝有意志上的缺陷；前者与上帝的全能相抵触，后者与上帝的全善相抵触。

2. 不能有任何受限制的实体可以由此清楚得出，就是：否则它必须具有某种东西，这个东西是它从乌有得来的，这是不可能的事。因为它从哪里得来的这个东西，在这个东西上它如此不同于上帝？决不能来自上帝，因为上帝没有任何不完善、受限制等等的东西。那么从何而来，若不是来自乌有？从而没有任何实体，除非是不受限制的③。

类之中无限地完善的，因为，这也就是说，在上帝的无限悟性中不可能有一个实体比它在自然中已是那样完善的更加完善。

2. 没有两个相等的实体。

3. 一个实体不能产生另一个实体。

4. 在上帝的无限悟性中没有一个实体不形式地存在在自然中。

§3　现在，关于第一个命题，即：没有任何受限制的实体，等等，如果有人持相反的意见，我们问：那么，这个实体是为它自身所限制的，也就是说，它自己曾如此限制了它自己，并且不想使它自己更加不受限制，还是它是为它的原因所限制的，这个原因或是不曾能，或是不曾愿意给它以更多的东西？

§4　第一个可能是不真实的，因为一个实体不可能会愿意限制它自己，特别是一个实体，这个实体是由它自身而存在的；因此，我说，它是为它的原因所限制的，而这个原因必然是上帝。

§5　现在，如果它是为它的原因所限制的，这必须或是因为这个原因不能，或是因为这个原因不愿给它以更多的东西。如若

由此得出，不可能存在两个相等的、不受限制的实体，因为只要我们假定它有，必然就有限制。

并且由此得出，一个实体不能产生另一个实体；其理由如下：产生这个实体的那个原因，它必须具有和被它产生的实体同一的属性，并且必须具有或者同等、或者更多、或者更少的完善。[④]第一个可能是不可能的，因为否则就有两个相等的实体；第二个可能是不可能的，因为否则就有一个受限制的实体；第三个可能是不可能的，因为从无不能产生有。何况如果从那不受限制的产生一个受限制的，那不受限制的也就受了限制[⑤]，等等。由此得出一个实体不能产生另一个实体。

还由此得出：任何一个实体都必定形式地存在，因为如果它不存在，就没有可能开始存在。

它不能给予更多的，这是和它的全能抵触的[*]；如若它尽管能够但是不愿给予更多的，这意味着一种恶谑，这在上帝之中绝不会有，上帝是全部的善和完满。

§**6**　关于第二个命题：没有两个相等的实体，我们可以由这里得出它的证明，那就是：任何一个实体在它自类之中完善；因为如果有两个相等的实体，必然一个限制另一个，并且从而，如我们上面已证明的那样[6]，不能是无限的。

§**7**　关于第三个命题，即，一个实体不能产生另一个实体，如果有人持相反的意见，那么我们要问：产生这个实体的原因，它和那个被产生的实体具有还是不具有同一的属性？

§**8**　后者是不可能的，因为从无不能生有，从而是前者。那么我们又问：那个实体，作为那被产生的实体的原因[7]，在它以内和在那被产生的实体内具有同等的、较少的、还是较多的完善呢？由于上述的理由，较少，我们说，是不能的。较多，我们说也是不能的，因为否则第二个实体就受限制了[8]，这和我们上面所证明的矛盾。从而是同等的完善，并且是两个相等的实体[9]，这是和我们前

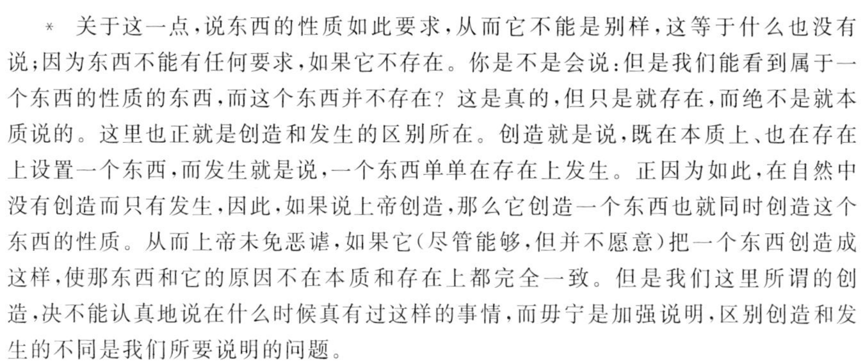

* 关于这一点，说东西的性质如此要求，从而它不能是别样，这等于什么也没有说；因为东西不能有任何要求，如果它不存在。你是不是会说：但是我们能看到属于一个东西的性质的东西，而这个东西并不存在？这是真的，但只是就存在，而绝不是就本质说的。这里也正就是创造和发生的区别所在。创造就是说，既在本质上、也在存在上设置一个东西，而发生就是说，一个东西单单在存在上发生。正因为如此，在自然中没有创造而只有发生，因此，如果说上帝创造，那么它创造一个东西也就同时创造这个东西的性质。从而上帝未免恶谑，如果它（尽管能够，但并不愿意）把一个东西创造成这样，使那东西和它的原因不在本质和存在上都完全一致。但是我们这里所谓的创造，决不能认真地说在什么时候真有过这样的事情，而毋宁是加强说明，区别创造和发生的不同是我们所要说明的问题。

面的证明显然矛盾的。

§**9**　并且一个被创造的东西在任何情况下不能出于乌有，而必须是为一个真实存在的东西所创造。但是从它之中要产生出某种东西，而在这个东西被产生以后，它丝毫不变，还是具有这个东西，这，用我们的认识能力是不可理解的。

§**10**　最后，如果我们要去追寻实体——由它的属性而来的东西的始基——的原因，那我们就又该去追寻这个原因的原因，并且又应该去追寻这个原因的原因的原因，并以此类推，至于无穷。从而，如果我们不得不，就像我们必需的那样，在某个地方打住的话，我们就必然会在这个唯一的实体上打住。

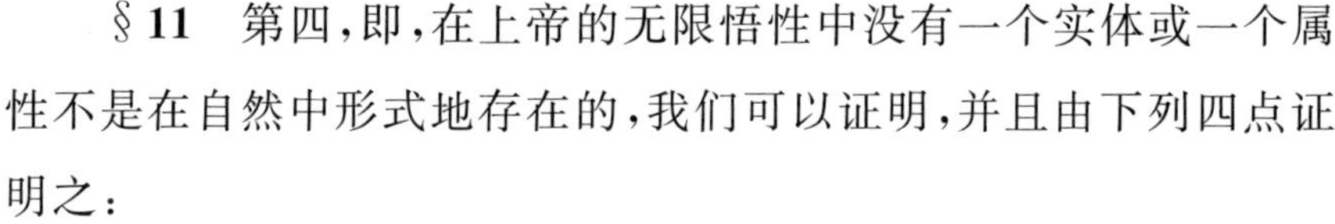

§**11**　第四，即，在上帝的无限悟性中没有一个实体或一个属性不是在自然中形式地存在的，我们可以证明，并且由下列四点证明之：

1. 由于上帝的无限能力；因为在它之内不可能有任何原因，由于这个原因它曾被推动去创造这一个先于那一个，或这一个而不是那一个东西。

2. 由于上帝的意志的单一。

3. 由于上帝不能，如我们以下将要证明的那样，省略不做好的东西。

4. 由于，既是一个实体不能产生另一个实体，因此凡是当下所无的，就不能开始有。

不但如此，并且如果有这样的情形，那么将有无限地更多的不存在的实体多于存在着的实体，这是荒谬的[10]。

§**12**　从所有这些，因此，得出：关于自然，一切的东西全部地肯定属于它，并因此自然包含无限的属性，其中每一个属性在它自类之中完善。而这，和人们关于上帝的定义整个地相合。[11]

§ **13**　有人反对我们刚才所提的命题，即：在上帝的无限悟性中没有任何东西，这个东西不在自然中形式地存在。他们提出这样的辩难：如果上帝已经创造了一切，它不能创造更多；但是若说上帝不能创造更多的东西，这和上帝的全能相抵触。因此

§ **14**　关于第一点，我们同意，上帝不能再有更多创造。至于第二点，我们说我们承认，如果上帝不能创造一切可创造的，这样的事是和它的全能相抵触的；但绝不是说不能创造那自身荒谬的东西〔这也和它的全能相抵触〕，例如说：它既已创造一切，但是它还能创造更多的东西〔这就是自身荒谬的〕。并且，上帝既已创造它的无限悟性中的一切，这显然多于它还没有创造的，并且如他们所说永不能已经创造了所有这一切，对于它来说是一个巨大得多的完善。

§ **15**　但是，何必为这一点如此费词。他们的推论岂不是，或者说他们岂不该这样推论*[12]：如果上帝是全知的，它就不能更有所知；但是上帝不能更有所知，这和它的完善抵触；因此……？

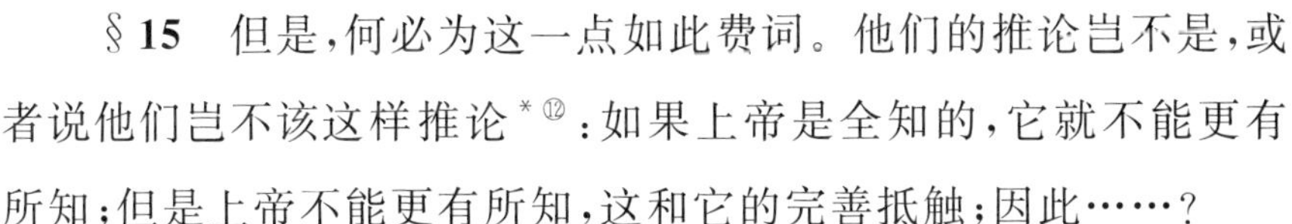

但是如果说，上帝在它的悟性内具有一切；并且由于它的无限完善而不能更有所知，那么我们有什么理由不能说：他已经产生、实现了它的无限悟性中的一切，这一切都形式地在、或将要存在于自然中？

---

* 也就是说，如果要他们从上帝全知这样一个前提出发推论，那他们就不能是别样、而只能是这样推论。

§ **16** [13]而现在我们既已知道，在上帝的无限悟性内一切都是同时的，并且没有任何原因，使它创造这一个先于那一个，或这一个而不是那一个东西，而是它能在一瞬间产生一切东西，这样我们要看一看是不是以他们之矛，正好攻他们之盾，这就是：

如果上帝决不能创造这么多，以致它再不能创造更多，那么它永不能创造它所能创造的。但是上帝不能创造它所能创造的东西，这是自相矛盾的。因此，

§ **17** 我们之所以认为，所有这一切属性在自然中只是形成一个唯一的、而不是——因为我们能清楚、明确地理解这一个不带那一个，那一个不带这一个[14]，因此它们形成唯一的——很多不同的东西，其理由是：

1. 因为前面我们已经看到[15]，必定存在一个无限的、完善的东西，后者不能理解为别的，而只能被理解为这样一个东西，关于它一切东西全部地肯定属于它。为什么？因为一个东西它具有一些本质，就该有一些属性从属于它，而我们愈是承认它具有更多的本质，我们愈是应该承认有更多的属性从属于它，从而如果这个东西是无限的，它的属性也就无限，而这，也正就是我们所谓最完善的东西[16]。

2. 由于我们在自然中处处看到的那种统一性；如果在自然中有许多不同的东西*，那就不可能一个和另一个合而为一。

3. 因为，我们上面看到，一个实体不能产生另一个实体，并且

---

* 也就是说：如果有很多不同的实体，后者不是系属到一个唯一的东西，那就不可能有合一，因为我们清楚地看到它们之间没有任何共同之处；例如思想和广袤，但是我们却是由这两者所合成。

如果这样一个实体不存在，它就不可能开始存在[17]，但是尽管这样，我们还看到，没有一个实体（但是我们又确实知道这样一个实体在自然中存在），就它作为一个特殊的实体来说，[18]在它之中有任何存在的必然性，因为对它的特殊的本质来说，并不从属于任何存在*。由此就必然得出：那并不是由任何原因产生的，但是我们确知它有存在的自然性，它是一个最完善的东西，对于这个东西来说，存在是它所固有的。

§ **18**　[20]由以上所说直到这里，可以清楚地看到我们把广袤肯定为上帝的属性之一，这一点似乎无论如何和一个最完善的东西不符。因为广袤既然可分，那最完善的东西将是由部分所组成，而这和上帝决不符合，因为上帝是一个单一的东西。并且广袤如果被分，它就是被动受感应的，而这在上帝（它是没有感应的，并且不能为任何其他东西所动，因为它是一切东西的第一能动之因）也决不能发生。

§ **19**　关于这一点我们回答说：

1. 部分和全体不是真实的或实有的东西，而只是理性的东

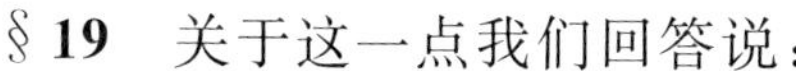

* 也就是说，如果没有一个实体不现实地存在，而同时就任何实体单独地看，从它的本质得不出任何存在，那么由此得出：它不能是一个单独的东西，而只能是另一个——统一的、独一的、全体的——东西的一个属性这样的东西。又可以这样说，一切实体现实地存在，但任何一个从它自身去理解的实体从它的本质得不出任何存在，由此得出：任何现实存在的实体不能由它自身去理解，而毋宁是它必须从属于另一个东西。换言之，也就是说，当我们用我们的悟性认识那思想实体和广袤实体时，我们只是从它们的本质、而不是从它们的存在认识它们[19]，也就是说，不是把它们认识为它们的存在必然地从属于它们的本质。但是当我们证明它是上帝的一个属性时，我们先天地就证明它存在，并且后天地（这一点仅仅关于广袤）可以由那些式态〔证明它存在〕，这些式态必须以它为它们的主体。

西，因此在自然中[*]既没有全体也没有部分。

2. 一个东西，只要是由不同的部分组成的，必须是这样，就是：它的各部分可以就其自身单独考虑和认识，可以一个没有另一个。例如一只钟，它是由很多齿轮、螺钉以及其他部件组成的，它的每一个齿轮、螺钉，我说，都可以就它自身去考虑和认识，而无需那个由此组成的全体。水也一样，它是由斜分子和直分子所组成的，它的每个部分可以被单独考虑、认识并且存在，而无需那个全体。但是关于广袤，它是一个实体，我们就不能说它具有部分，因为它既不能成为更小的，也不能成为更大的，并且它的任何一个部分都不能被单独思想，因为由它的本性它就是无限的。而它必须是这样，这一点还可以由此得出，就是如果它不是这样而是由部分组成的，它就不能，如上面所说，由它的本性就是无限的。至于在一个无限的性质中竟能设想有部分，这是不可能的事，因为一切部

* 在自然中，也就是说，在实体性的广袤中，因为广袤如果被分，它的性质和它的本质也就立刻被一起取消，因为它唯一就在于是一个无限的广袤，或者说同一的东西，在于是一个无所不在的。

但是你也许会说，广袤中岂不该先有部分，才能有式态？我说，决非如此。但是你说：如果物质中有运动，运动必须是在物质的一个部分中，因为，既然物质是无限的，它就不能是在全体中。因为既是在它之外没有任何东西，它能被推向哪一个方向运动？因此它在部分中。回答说：不只是[21]单单的运动，而是运动和静止在一起；它在全体中，并且必须是在全体中，因为在广袤之中没有部分。你也许会坚持说，有；那么请你告诉我：当你区分整全的广袤时，你用思想把它分割出来的部分，你是不是也能在自然中把它从一切部分里分割出来？如果这样，我问：那在被分割出来的部分和其余周围部分之间的，是什么？你的回答只能是：或是一个空隙，或是另一个别的物体，或是就是那广袤本身的什么东西。第四个可能是没有的。第一点是不可能的，因为没有一个既是实有、而又同时不是任何物质的空。第二点也不可能，因为那就是说有一个式态，但是不能有这样一个式态，因为广袤[22]没有式态，而作为广袤先于一切式态。因此是第三点，从而是没有部分，而只有作为全体的广袤[23]。

分由它们的性质就是有限的[24]。

§**20**　再说，如果广袤是为不同的部分所组成，我们应该能设想，如果它的若干部分被取消，广袤仍然存在，而绝不会因为这若干部分的被取消而一起被取消。但是这，对于这样一个东西来说，这个东西按它的本性就是无限的，并且永远不能是、也不能被理解为是有限和受限制的，显然是自相矛盾的。

§**21**　至于说到自然中的那些部分，那么关于这个问题我们说，判分，如我上面已经说过的，决不在实体，而永远是并且只能是在实体的式态中发生。如果我去判分水，我只是判分那实体的式态，而不是实体本身，那实体，现在态化为水，别的时候态化为别的东西，永远是那同一的实体。[25]

§**22**　因此判分和感应永远只发生于式态中。因此当我们说：人死亡或消灭，这只是就人，作为某一个特定的组合和实体的某一个特定的式态而说，而不是就他所依存的那个实体本身而说。

§**23**　至于另一方面，我们已经说过，而且这里我们还要说：在上帝之外没有任何东西，而且上帝是一个内存的原因。但是被动的感应，其中主动者和被动者分别为二，是十分显明的不完善，因为那被动者必然要依赖于那个在它之外而引起它感应的东西。这对于最完善的上帝来说，是不可能有的情形。

§**24**　再则，关于这样一个作用者，它作用于它自身之中，决不能说它也具有一个被动者的不完善，因为它并不为另一个东西所动，例如就像悟性那样，后者，哲学家们同样也说，是它的概念的原因，但是因为它是一个内存的原因，就它永远是由它自身而动说，我们[26]怎么能说它是不完善的？

§ **25**　最后，实体，因为它是它的一切式态的始基[27]，应该更有理由被称为主动者而非被动者。根据这些说明，我们认为我们已充分答复了上面的一切问题。

§ **26**　此外有人又反对说：必须存在一个第一因，它推动这个物体，因为，当它静止着，它不能自己推动它自己。而既然很明显自然中有静止和运动，那么静止和运动，他们认为，就必须来自一个外在的原因。

§ **27**　但是这一点我们可以很容易回答；因为我们承认，如果物体是一个由它自身而存在的东西，并且它除了长、宽、高以外没有任何其他固有性，那么，我们说我们承认，如果它真正静止着，在它之中就没有任何原因会自己使它自己运动。但是我们既已说过：自然是一个东西，关于这个东西一切属性肯定属于它，正因为它是这样，所以它就不会缺乏任何东西，来产生那一切应该产生的东西。

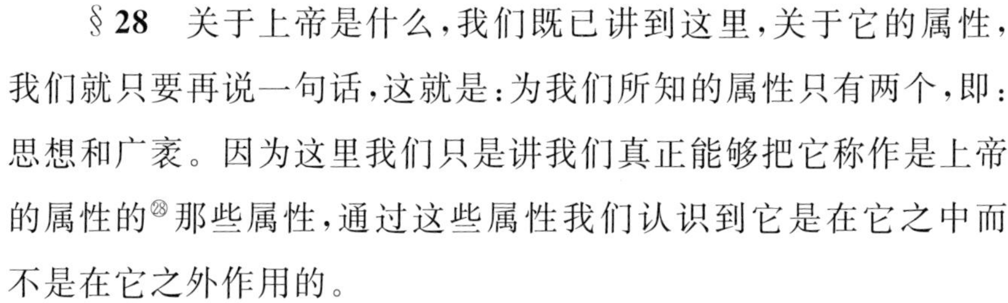

§ **28**　关于上帝是什么，我们既已讲到这里，关于它的属性，我们就只要再说一句话，这就是：为我们所知的属性只有两个，即：思想和广袤。因为这里我们只是讲我们真正能够把它称作是上帝的属性的[28]那些属性，通过这些属性我们认识到它是在它之中而不是在它之外作用的。

§ **29**　因此，凡是在这两个属性之外人们所肯定属于上帝的一切（如果它又是真正符合于上帝的话），就或者只是一种外在的称谓，例如说它是由它自身而存在的、永恒的、唯一的、不变的等等；或者，我说，是就它的作用说的，例如说它是万物的原因，是万物的先定者，是万物之主。所有这些都是上帝所固有的，但是它们并没有告诉我们，上帝究竟是什么。

§ **30**　但是，这样一些属性怎样能为上帝所有以及如何为上帝所有，我们将在以下的各章中讨论。㉙但是为了更好地理解和说明㉚这一点㉛起见，我们认为可以把下面这些论证附加在这里，它的内容是一篇㉜[对话]。

注　释

①　"或者另一个实体"，B 稿作"或者，2. 另一个实体"。

②　A 稿，此注本文至第 4 行"必须是它曾改变了它的全部性质"句为止，其余部分(第 9—12 行，"2. 不能有任何受限制的实体……若不是来自乌有"一节除外，见以下注③)均作为本注附注。Sigwart 提出这是一个完整的全注。

③　"2. 不能有任何受限制的实体，……从而没有任何实体，除非是不受限制的"。此节在 A、B 稿均置于第一章 § 9，note 5 之末。Van Vloten-Land 校正移置于此。

④　"产生这个实体的原因……或者更多的完善。"B 稿作："产生这个实体的原因，它必须具有和被产生的实体所具有的同一的那些属性，或更多的、或更少的。"

⑤　"那不受限制的也就受了限制"，B 稿作："那原因也就受了限制"。

⑥　"如我们上面已证明的那样"，B 稿作："如我上面已证明的那样"。

⑦　"那个实体，作为那被产生的实体的原因"据 Ch. Appuhn，原稿作："那个属性，作为那被产生的实体的原因"，Ch. Appuhn 依 W. Meizer 改。Gebhardt 据原稿作"那个属性"。参看 § 2. note 2，第 15—20 行。

⑧　"由于上述的理由，……就受限制了"。

Gebhardt: Bei Schaarschmidt sind im Druck von A infolge des《Ό μοτοτελευτόγ zeggen wy》die Work《om reeden vooren、Meerder ook niet, zeggen wy》, fortgefallen.

⑨　"从而是同等的完善，并且是两个相等的实体"，B 稿作"从而是同等

的完善,或者说是两个相等的实体”。

⑩ “不但如此,并且如果有这样的情形……这是荒谬的”B稿所无。这个论证本身的确也是无谓的。Freudenthal (Spinozastudien, Zeitschrift fuer Philosophie, 108, Bd., S. 275)以为是一个读者附注,主张可以取消,A. Wolf (Spinoza's short Freatise, p. 176)同此。Gebhardt 偏于认为和上文仍有一定的连属。

⑪ Freudenthal (Spinozastudien, Zeitschrift fuer Philosophie, S., 277f.)认为§12地位误置,而应在§17以后。

⑫ “他们的推论岂不是,或者说他们岂不该这样推论”,以及本页注文,B稿所无,而 l. 2—3 一句B稿作:“从上帝全知这一点出发,他们岂不该这样得出结论”。显然B稿是改动了本文,而取消了 note 4。

Freudenthal (Spinozastudien, Zeitschrift fuer Philosophie, 108 Bd., S. 277)以为“他们的推论岂不是”这半句是初译未定之词。

⑬ §13—§16。Freudenthal (Spinozastudien, Zeitschrift fuer Philosophie, S. 255)依 Avenarius (ueber die beiden ersten Phase des Spinozischen Pantheismus, Leipzig, 1868, S. 32)和 Sigwart (Spinozas nenentdeckter Fraktat, Gotha, 1866, S. 165)认为整个§13,§14,§15,§16四节是 Spinoza 后加的附注,为本书编者置入本文。A. Wolf (Spinoza's Short Freatise, p. 176)反对此说。

⑭ “那一个不带这一个”,B稿所无。

⑮ “因为我们前面已经看到”,Gebhardt 以为明显指第一章开始一节缺文。参看第一章注§1,第1行。

⑯ “最完善的东西”,B稿作:“无限的东西”。

⑰ “3. 因为……它就不可能开始存在”据 Gebhardt,B(?)稿所无。Gebhardt 以为这里是以下第二卷序言§2,以及第二十章§3,note 3 所指。

⑱ “但是尽管这样……就它作为一个特殊的实体来说”,A稿,括弧及其中“但是我们又确实知道这样一个实体在自然中存在”置于“就它作为一个特殊的实体来说”之下。如果这样,中文应译为:“但是我们看到没有一个实体,就它作为一个特殊的实体来说(但是尽管这样我们知道它在自然中存在)”;Gebhardt 指出,严格地说,这样的读法在意义上是错误的。B稿改作今

读。

⑲ “我们只是从它们的本质……认识它们”，A、B 稿均作“不是”；Sigwart C. Schaarschmidt 取消“不”字。

⑳ §18—§27 十节。Freudenthal (Spinozastudien, Zeitschrift fuer Philosophie, 108 Bd. S. 255) 认为这一段是插入的附注，中断了全文的叙述。

㉑ “但是你说，……回答说：不只是”，B 稿作：“但是你说：如果在物质中有运动，它必须是在物质的一个部分而不是在全体中，因为既是全体是无限的，它能被推向哪一个方向运动呢，既是在它之外没有任何东西。这个问题我回答说，不只是……”。

㉒ “因为广袤……”，“因为”B 稿作“所以”。

㉓ “而只是作为全体的广袤”，B 稿作：“而只是一体的、不可分的广袤”。

㉔ “因为一切部分由它们的性质就是有限的”，B 稿作：“因为一切部分由它们的性质就是无限的”，后一个读法不可能，因为上文第 9—11 行，正是要证明无限不能由有限组成。又参看 Ethica, 1, p. 13, Scholium。

㉕ “如果我去判分水……永远是那同一的实体。”依 C. Gebhardt 的校读。这一节 A 稿文字非常混乱，作：“如果我去判分水，我判分的不是实体，而是实体的式态，那些式态（多数——译者），现在与水，别的时候与别的东西，永远是同一的〔式态，单数——译者〕。”(Gebhardt: welche Modi, jetzt vom Wasser, dann von etwas anderem, immer derselbe ist) B 稿显然是依 A 稿作了改进，但在意义上仍是有很大含混的，B 稿作：“如果我去判分水，我不是判分实体，而是实体的式态，那个实体，尽管不同地式态变化，永远是那同一的实体。”

Ch. Appuhn 的译文依 B 稿。C. Gebhardt 的校读我们觉得已使这一节清楚可读。

㉖ “例如就像悟性……我们怎么”，B 稿作：“并且尽管悟性，如哲学家们所说，是它的概念的原因，而它既是一个内存的原因，我们怎么能……”

㉗ “因为它是……始基”，Gebhardt: A hat, dewijle zij en het beginsel is van alle haare wysen. Vor “en” duerfte also etwas ausgefallen sein, vielleicht, wie Vloten-Land annehmen “de oorzaak”. B streichte das “en”.

㉘ “我们真正能够把它称作是上帝的属性的”。这里为了中文达意，可以说杂糅了 A、B 稿的文字。但原来两稿文字是有意义上的出入的。

A 稿，据 Gebhardt，作“die man eigentliche Attribute Gottes nennen konnte”[Ch. Appuhn：“qion puisse appeler attributs propres de Dien”（eigem Eygenschappen Gods）]。这里“Attribute”一词切合 Spinoza 原意，但“eigentliche”是有可能引起歧义的。

B 稿，据 Gebhardt，作“die man in Wahrheit Gottes Eigenschaften nennen konnte”。“In Wahrheit”符合上下文义，但“Eigenschaften”则与原意正相抵触。为此 Gebhardt 的译文依 A 稿。

Ch. Appuhn 注明取 B 稿，但他的译文中“Eigenschaften”径作“Attributs”。我们的译文事实上与他相同。

㉙ “但是这样一些属性……以下的各章中讨论。”这一句起以下第三章。C. Gebhardt 认为由此也可见以下一句和第一对话是插入本文的。

㉚ “说明”，B 稿作：“但是为了更好地理解这一点，并且为了说明我们所要说明的”。

㉛ “这一点”，B 稿作“以上所说”。这一改动无形加重了第一对话和本文的关系。

㉜ “一篇”，可见原来是第一篇对话单独插入；至于第二篇对话的写作时间、何时插入本文，又是一个问题。

悟性、爱恋、理性与贪欲之间的对话

§1　爱恋：兄弟啊，我看到，我的存在和我的完善完全依靠于你的完善；你所认识的对象的完善是你的完善，而我的完善又来自你的完善，因此我请你告诉我，你曾否认识一个东西，它是至高无上地完善的，也就是说，它不可能为任何别的东西所限制，并且我也包含在它以内？

§2　悟性：就我来说，我总是就自然的整全来看自然，看到它是无限的，至高无上地完善的；你，如果你对这点怀疑，不妨问理性，她会告诉你。

§3　理性：这一点之为真理，我毫无怀疑，因为如果我们要去限制自然，我们就必得用——这是荒谬的事——一个乌有去限制它。我们避免了这个荒谬，肯定它是一个永恒的一体，是由它自身而存在的、无限的、全能的，等等，也就是说那无限的自然和它所包含的一切；而它的否定我们则称为乌有。[1]

§4　贪欲：这诚然不能不说是一个奇谈！一体和殊别竟能合而为一，我在自然中随处见到这个殊别。因为：这是怎么回事？我看到思想的和广袤的实体毫无共同之处，一个限制另一个[2]。

§5　如果在这两个实体之外你又设置第三个实体，后者是在一切方面完善的，那你就使你自己陷入显明的矛盾。因为如果你把这第三个实体设置在那两个之外，它就缺少那两个实体所固有的一切属性，但是这，在一个在它之外别无任何东西的全体，是不能有的。[3]

§6　其次，如果这个东西是全能的，完善的，那么它之所以如此，将是因为它自己产生了它自己，而不是因为它产生了别的东西。但是一个既能产生自己，并且此外又能产生别的东西的东西将是更全能的东西。

§7　最后，如果你称它为全知的，必然它认识它自己；但同时你该知道，仅仅对自己的认识少于既对自己又对别的实体的认识。[4]

所有这些都是显明的矛盾。因此我奉劝爱恋，莫如安于我所揭示给她的，而不必再汲汲于追求别的东西。

§8　爱恋：那么你曾揭示给我什么，你这无耻的，除去那立刻将陷我于毁灭的东西？因为如果我曾和你那告诉我的东西结合在一起，我就早已被人类的那两个主要敌人，憎恨和懊悔所迫害，并且不时地受到遗忘的迫害。因此我再一次请求理性，请你继续你的说法，并堵住这些敌人的嘴吧。

§9　理性：贪欲啊，你说你见到有不同的实体，这，我告诉你，是错误的。因为我清楚地见到只有一个唯一的实体，它是由它自身而存在的，并且是其他一切属性的支撑者。如果你把那物体的和思想的东西，就依靠于它们的那些式态说，称为两个实体，那么，就它们所依靠的那个实体[5]说，你就该把它们称为式态，因为它们并没有被你看成是由它们自身而存在的东西。而正如意志、感觉、认识、爱恋等等是那个被你称为思想的实体的不同式态，你把这一切归纳到一个、并且从这一切只得出一个东西[⑥]，同样，根据你自己的证明方法，我得出：无限的广袤和无限的思想，和其他无限的属性（或用你的话说：其他实体）一起，不是别的，只是那一个唯一的、永恒的、由它自身而存在的东西的式态；我们从这一切，如上面所说，只得出一个唯一的、或一个一体，在这个一体之外不能设想任何东西。[⑦]

§ **10**　贪欲：在你的这种说法里，我想，我看到一种极大的混乱。因为你似乎认为全体是什么在它的部分之外、或不具有它的部分的东西，而这，真实地说，是荒谬的。因为所有的哲学家一致地说，全体是第二手的概念，而不是，在人的思想以外，什么在自然里的真实的东西[⑧]。

§ **11**　并且，从你的例子可以看到，你把全体和原因混淆在一起；因为，正如我所说，全体是由于它的部分的存在、或通过它的部分的存在而存在。现在，你把思想的力量看作一个东西，这个东西是认识、爱恋等等所依靠的。这个东西你不能称为全体，而只能说是你刚才列举的这些后果的原因。

§ **12**　理性：我可以看到，为了反对我，你如何纠集了你的一切伙伴，因此凡是你用错误的推理达不到的，像一切真理的敌人惯常的那样，你就想用文字上的歧义来达到它。但是用这个办法你不会成功地把爱恋争取到你那一边。你的用意，因此，是想要使人相信：原因，就它产生它的后果说，必须存在在这些后果之外；你所以这样说，是因为你只认识超越的、而不认识内存的原因[⑨]，后者绝不在它自身以外产生什么东西；例如，悟性就是它的观念的这样的原因。就是因为这个，所以我把悟性，就它的这些观念依靠于它说[10]，称为原因，而就它是由这些观念合成的说，称为全体。同样，上帝，对于它的后果或创造物说，是一个内存的原因，而就第二个意义说，它又是一个全体。

注　释

① “一个乌有去限制它。我们避免了这个荒谬，……它的否定我们则称为乌有。”A、B 两稿可能都是混乱的。

据 Gebhardt，B 稿的原来内容是：“……一个乌有去限制它，并且是在这些固有性之下，就是它〔自然——译者〕是一体的、永恒的、由它自身的、无限的，我们避免了这个错误，肯定它是一个永恒的一体、无限的、全能的，等等。”Sigwart 以上文“就是它……”的“它”译作“乌有”，而 Kuno Fischer (Spinozas Leben, Werke und Lehre, 5 Aufl., S. 234)则据此以释本节。

据 Ch. Appuhn，所见各版荷兰文，除 W. Meizer 外，“一个乌有去限制它”以下均有以下一节，内容与 Gebhardt 上述基本相同而略有出入。“……一个乌有去限制它，并且是在这些固有性之下，就是它〔乌有——译者〕是一体的、永恒的、由它自身而无限的；我们避免了这个荒谬，肯定它〔自然——译者〕是一个永恒的一体、无限的、全能的，等等，也就是说，自然和它所包含的一切。”

Freudenthal (Spinozastudien, Zeitschrift fuer Philosophie 108, Bd., S. 275)首先在 A 稿的基础上作了校正。

Ch. Appuhn 和 C. Gebhardt 同据 Freudenthal 校订译出，但似乎取舍不同，两译仍有出入。我们在正文采取 Gebhardt 的译文，另将 Appuhn 的译文附下：

“……我们避免了这个荒谬，肯定它是一体的、永恒的、无限的、由它自身而全能的，它包含一切，而它的否定我们则称为乌有。”

② “一个限制另一个”，Ch. Appuhn 依 Freudenthal 作“一个并不限制另一个”。

据 C. Gebhardt：Freudenthal (Spinozastudien, Zeitschrift fuer Philosophie 108 Bd., S. 271)认为 Spinoza 应该曾从他本人的观念出发，驳斥“贪欲”

一个实体限制另一个实体的说法，但是他未曾这样做，证明这一句原文脱误，应读作“并不”限制另一个。Gebhardt 以为 Spinoza 不当以他的一个基本论点随便由“贪欲”说出；且两个毫无共同之点的实体“互相限制”是一般人的通常看法，这里正用作反对自然一体的一个论证。

③ “但是这，在一个在它之外别无任何东西的全体，是不能有的。”由于和上、下文的关系，各家注释意见不一。如按 Ch. Appuhn，中文更恰当地应译作：“但是这，……，是不会有的。”

Ch. Appuhn 依 Busse (Beitrage zur Entwicklungsgeschichte Spinozas, S. 239)，Freudenthal (Spinozastudien, Zeitschrift fuer Philosophie, 108, Bd., S. 275)，指出上文正是“贪欲”辩诘笛卡尔的自然神论，但在自然神论，上帝并不是“一个在它之外别无任何东西的全体”，相反，这是斯宾诺莎本人泛神论的理论。Ch. Appuhn 依 Freudenthal 认为，这是某一读者的附注，依斯宾诺莎本人泛神论的观点回答“贪欲”的辩难，而为后来传写者所误会，窜入本文。Freudenthal 认为，如果要保存此句，应把它和以下 §6、§7 连读(Freudenthal 认为这两节是“贪欲”对泛神论的辩难，参看以下注④)，而改读为：“不错，这在一个在它之外别无任何东西的全体，是不会有的，但是这种理论同样不可能，因为如果这个东西是完善的，等等。”但 Freudenthal 更偏于认为 §6、§7 直至“这是为什么”以前，一并为后人窜入。

Gebhardt 反对 Freudenthal 的看法，认为：i. 在纯粹文字结构上，§5 第 2 行提出矛盾，§7 第 4 行总结矛盾，中间 §5、6、7 各叙一个矛盾；而每一个矛盾的叙说，都是用“如果”开始(§5，第 2 行；§6，第 1 行；§7，第 1 行)，并且作出一个相应的矛盾结论(§5，第 4—5 行；§6，第 3—4 行；§7，第 1—3 行)，如果取消 §5，第 4—5 行这一句，就会使这一节的叙述和以下两节脱节。ii. 在内容上这一句既不抵牾，并且不可缺少。Gebhardt 认为这一句的意义是：“贪欲”认为这是一个矛盾，即在思想的、广袤的实体之上设置一个第三个包含一切的实体——自然，这个实体不能具有思想的、广袤的实体所固有的一切属性，但是它，作为一个包含一切的全体，却必须对一切属性负责。

可以看到，Ch. Appuhn 和 Freudenthal 是对这一句的文字作严格的理解，把它解释为斯宾诺莎泛神论中上帝以外别无存在的学说。Gebhardt 则把它解释为笛卡尔上帝优越存在的理论(Eminenzlehre der Gottheit)的一部分，即一切被创造的实体“以更优越的方式”存在于上帝内，从而把这一句看作和上文§5，第1—2行“在一切方面完善”同义。（关于笛卡尔上帝优越存在的理论，参看斯宾诺莎本人所著：《笛卡尔哲学原理》附录：《形上学名义通释》卷一，第二章，斯宾诺莎在那里面对这个学说作了一个概括的说明。）

④ Freudenthal（据 Gebhardt，a，a，O. S. 6f）认为§6，§7，第1—3行“所有这些都是显明的矛盾”以前，和§5，第4—5行一并为后人窜入。

据 Gebhardt，Freudenthal 提出两点理由：

i. Freudenthal 既认为§5，第4—5行至此是对斯宾诺莎本人泛神论的辩诘，因此提出，自然一体性的理论本篇中§9才由“理性”提出，这里不应在未提出命题前先加辩诘。

ii. §6，§7两节的辩难，对话通篇未作答复。

关于 i. Gebhardt 认为自然一体性的原则在§2，§3已由“悟性”提出而由“理性”肯定了。关于 ii. Gebhardt 指出斯宾诺莎可能认为他在本书处所已对这些辩难作了充分答复。Gebhardt 列举本书某一章节（10，4—11，11），可惜按页行所指系书前原附摘要中无关部分，想系页行印误。

我们需要指出的是，Gebhardt 本人并不同意 Freudenthal 以§5，第4—5行以至§7，第1—3行这三节是对斯宾诺莎泛神论的辩难，但是在这里却正是根据这一假定而回答 Freudenthal 的疑辩。

⑤ “那个实体”Ch. Appuhn，C. Gebhardt 并依 B 稿。

A 稿作“那些实体”。

⑥ “……是那个被你称为思想的实体的不同式态，你把这一切归纳到一个，并且从这一切只得出一个东西，……”，Ch. Appuhn，C. Gebhardt 均依 A 稿。

B 稿作：“是那个被你称为思想的实体的不同式态，你把这一切式态归纳到这个实体并把这些式态结合为一。”

⑦ “……由它自身而存在的东西的式态；我们从这一切，如上面所说，只得出一个唯一的、或一个一体，在这个一体之外不能设想任何东西。”Ch. Appuhn，C. Gebhardt 均依 A 稿。

B 稿作：“由它自身而存在的东西的式态，在这个东西中一切都是一个和唯一的一体，在这个一体之外不能再设想任何东西。”

⑧　“第二手的概念，而不是，在人的思想之外，什么在自然里的真实的东西”。Ch. Appuhn 注，“第二手的概念”，“secunda notio，notion derivec on abstaite”。

这里是指“理性的东西”，斯宾诺莎曾说它是直接从东西的观念产生出来的。参看《形上学名义通释》卷一，第一章，《为什么理性的东西不是东西的观念而是被当成东西的观念》条。

⑨　“因为你只认识超越的、而不认识内存的原因”。“超越的”、“内存的”Ch. Appuhn，“transitive”、“immanente”。

Ethica，1，18 Dems. “Ethica Deum nulla potest dari substantia，hoc est res quae extra Deum in se Sit …… Deus ergo est omnium rerum Causa immanens，non vereo transicus.”

“因此在上帝以外不能有任何实体，也就是说在上帝以外没有任何东西，这东西是在它自身之内的……因此上帝是一切东西的内存的原因、而不是超越的原因。”

⑩　“就它的这些观念依靠于它说”Ch. Appuhn，C. Gebhardt 均依 B 稿。

A 稿作：“就它依靠于它的这些观念说”，显然有误。

依拉斯谟和戴奥费洛之间的对话

一部分与上一对话、一部分与以下第二卷有关。[1]

§1　依拉斯谟：戴奥费洛，我曾听你说过，上帝是一切东西的原因，并且又说，它不能是一个别样的，只能是一个内存的原因。这样，如果它是一个一切东西的内存的原因，那么如何你又能称它为一个远因呢？因为这在一个内存的原因是不可能的。

§2　戴奥费洛：当我说，上帝是一个远因，这句话不是对于这样一些东西说的，这些东西[2]是上帝（没有任何条件，唯一由它的存在）直接产生的；而决不是说，我曾绝对地把它称为一个远因，如你从我的措词也可以清楚看到。因为我曾这样说过：在某一意义下我们可以把它称为一个远因。

§3　依拉斯谟：你要对我说的意思，现在我充分明白了；但是我又注意到，你曾说：一个内在的原因的后果和它们的原因这样继续结合在一起，以致它们和它们的原因合起来成为一个全体。如果这样，那么，在我看来，上帝不能是一个内存的原因。因为如果上帝和那由它而来的东西一起成为一个全体，那你就在一个时刻比另一个时刻赋予上帝以更多的本质。我请求你为我解除这个疑惑。

§**4**　戴奥费洛:如果你想摆脱这个混乱,依拉斯谟,你且用心注意我现在要和你说的这一点。一个东西的本质并不因为它和另一个东西——这个东西和它合起来成为一个全体——的结合而有所增加;相反,前者继续是不变的。

§**5**　为了使你更好理解我的意思,我且为你举一例。一个雕刻家用木块雕制了许多模型,相似于人体的各个部分;从中他取出一块胸部的模型,把它加到另一块头部的模型上去,并且由这两者造成一个全体,后者表现一个人体的上部。现在,你是否因此而说,头部的本质增加了,因为它和胸部结合在一起?这将是错误的,因为它现在,和它以前一样,仍是那一个。

§**6**　为了更清楚起见,我为你再举一例。就是一个我关于三角形的观念,和另一个由三角形一角的一边的延长得出的观念:这个由一边的延长而得出的外角必然等于和它不相邻的两内角之和,等等。由这些观念,我说,产生出第三个观念,即:三角形三内角之和等于两直角,而这一个观念和第一个观念如此结合在一起,以致没有后者它既不能存在也不能被理解。

§**7**　从每一个人具有的全部观念我们得出一个全体,或者说(同一的东西)一个理性的东西,后者我们称为悟性。③ 现在你看到,尽管这新的观念和前一个观念结合在一起,但并不因此就在前一个观念的本质里引起丝毫变化,相反,它仍是丝毫不变的。你可以看到,每一个在它自身之中产生爱恋的观念的情形也是这样,因为这爱恋并不使这个观念的本质有丝毫增加。

§**8**　但是不必堆积许多例子,因为这一点你自己在刚才所举的这个例子里已经可以看得很清楚。我曾清楚地说过,一切属性,凡是不依靠任何其他原因，并且在它的定义中无需任何类的，这些属性就都属于上帝的本质。既然被创造的东西不能够形成一个属性，因此不论它们与上帝如何密切结合，它们并不增加上帝的本质。

§ **9** 并且，全体只是一个理性的东西，它和普遍的差别只是在于：普遍是由并不结合在一起的、而全体则是由结合在一起的不同的个体形成的；又在于，普遍只包含同类的，而全体则既包含同类的、也包含不同类的部分[④]。

§ **10** 依拉斯谟：在有关这一点上，你已使我满意。但是，此外你还说过，一个内在的原因的后果，只要它的原因持续存在，就不可能消亡。这一点我看到当然是真实的。但是如果这样[⑤]，上帝如何还能够是一切东西的内在的原因，因为很多东西是消亡的。但是你，按你上面的区分，也许可以说：上帝只是这种后果的内在的原因，这些后果是上帝仅仅由它的属性，没有别的环境或条件，直接产生的，这些后果，只要它们的原因持续存在，就不可能消亡；相反地，你并不把上帝称为是这种后果的内在的原因，这些后果的存在并不是直接地依靠于上帝，而是来自另一个别的东西，只是这些后果的原因既不、也不可能没有上帝而作用，并且也不是在上帝之外，而这些后果，正因为它们不是直接产生于上帝，因此是能够消亡的。

§ **11** 但是这个说法却不能使我满意。因为我看到，你断定人的悟性是不朽的，因为它是一个上帝在它自身之中产生的后果。但既是这样，为产生这样一个悟性，就不可能在仅仅上帝的属性以外还必须有某种其他的东西；因为，一个东西为要具有这样优越的完善，它就必须，和其他一切直接依靠于上帝的东西一样，是被永恒地创造了的。而如果我没有弄错的话，我曾听你这样说过。既是这样，你如何能阐明这一点而不遗留一些困难呢？

§ **12**　戴奥费洛：不错，依拉斯谟，那些东西的存在除了上帝的属性以外无需别的东西[⑥]，都是直接被上帝从无始以来永恒地创造了的。但是需要注意，尽管一个东西的存在需要有某一特殊的式态变化，从而也就是说某种在上帝的属性以外的东西，但并不因此上帝就再也不能直接创造这个东西。因为在那些为了使东西存在而必需的东西里面，有些东西必需，是因为它产生东西，有些东西必需，是为了使东西能够被产生。因此，例如我要使一间屋子有亮光，我点起一个火，这火光自身照亮这间屋子；或者，我打开一扇窗，开窗这件事本身并不产生光，但却准备了条件，使光能够透进屋子。[⑦]同样的情形，要使一个物体运动，需要有另一个物体，这个物体具有从它传导到另一个物体的全部运动。但是要在我们里面产生一个上帝的观念，却不需要任何别的、具体个别的东西，这个东西具有那在我们里面被产生的东西，而只需要在自然里有这样一个物体，这个物体的观念一旦给予，上帝也就直接清楚地显现。[⑧]并且这一点你从我的措词也可以看到；因为我说过，只有上帝是凭着它自身而不是凭着别的东西被认识的。

§ **13**　但是我要向你说：只要我们对于上帝还没有一个这样清楚的观念，这个观念使我们这样紧密地和它结合在一起，以致我们不可能爱恋在它以外的任何东西，我们就不能说我们真实地和它结合在一起并且直接依靠于它。至于其他你可能还要提出的问题，请你留待另一个时刻，因为此刻我要去从事别的工作。再见。

§**14**　依拉斯谟:不,在目前我不提,而是将思索你所说的,直到下一个时机。愿上帝予你福佑。

注　释

①　"一部分与上一对话、一部分与以下第二卷有关。"C. Gebhardt 指出 B 稿所无。

②　"这句话我不是对于这样一些东西说的,这些东西……"。我们依 Gebhardt 译。但由于原文"zo is dat van my niet gezegd, als in opzigt van die dinge ……"中"niet, als"一词理解不一,此句及本节第 3 行"而绝不是说"以前别译殊多。

"niet, als"一般读如"non nisi"(不是别的,只是……)(按抄稿原序,荷译系译拉丁文原稿),以此与下文连读,与 Spinoza 原意适得其反。为此,Sigwart 主取消"als"径作"不是";据 Gebhardt 所述,Vloten-Land, Freudenthal (a,a. O. S. 267)及 A. Wolf 当同依此读。

Gebhardt 理解实质与此相同,但认为"niet, als"此处原非"non nisi",此句但为"so ist das von mir nicht gesagt als geltend im Hinblick auf die Dinge, welche ……"(als 作"如"解)。

与此相关,Sigwart 既以"niet, als"读作"niet",乃于下文 l. 5,";而绝不是…"前,加"只是就那些被上帝间接地产生的东西而说"一句,以与前句相应,并补足 Spinoza 原意。Vloten-Land, Freudenthal, A. Wolf 并依此议。C. Gebhardt 以为毋庸增补原文,前后文义自可连属。

Ch. Appuhn 于"niet als"按字读如"non nisi",而于下文"这些东西"下添"不是"(上帝……直接地产生的)。同时,没有接受 Sigwart 上述的增句。

可以指出,此节各家殊读虽多,但对于"niet als"一词作适当解释后,原意是清楚的。

③　"从每一个人……后者我们称为悟性。"Sigwart 指出此句与上下文不相连属。Ch. Appuhn 依 Vloten-Land,以此句为误增。

④　"普遍是由不结合在一起的……也包含不同类的部分。"据 C. Gebhardt,B稿作:“普遍是由同类的不同的、并不结合在一起的个体形成的,而全体则是既由不同类、也由同类的不同的、结合在一起的个体形成的。”

⑤ “这一点我看到……。但是如果这样……”。据C. Gebhardt,B稿作:“这一点我看到当然是不真实的,因为如果这样……”。明显有误。

⑥ “那些东西的存在除了上帝的属性以外无需别的东西”。据C. Gebhardt,B稿脱“除了上帝的属性以外”。

⑦ “因此,例如我要使一间屋子有亮光,……使光能够透进屋子。”

据C. Gebhardt, B稿作:“因此,例如我要使一间屋子有亮光;我点起〔一个火〕,或者我打开一扇窗,于是就照亮了屋子,点〔火〕或者打开这间屋子并不由它自身就产生亮光,而只是准备了条件,使亮光照亮屋子或使它能够透进屋子。”A稿显然作了改进。

⑧ “而只需要在自然里有这样一个物体,这个物体的观念一旦给予,上帝也就直接清楚地显现。”我们依Ch. Appuhn稍有字面改动的译文。按Ch. Appuhn注,此句完全按字直译应如C. Gebhardt:“sondern bloss ein derartiger Koerper in der Narur, dessen Idee notwendig ist, um Gott unmittelbar darzutun。”我们同样感到在中文很难完全达意。Ch. Appuhn的译文在意义上是切当、显豁的。它也清楚地表明了这一句和以上所举“打开一扇窗”的例子的关系。

第三章　论上帝是万物之因[①]

§1　现在我们开始来讨论这样一些我们曾称之为上帝所固有的*固有性。首先，讨论上帝如何是万物之因。

上面我们已经说过，一个实体不能产生另一个实体，并且上帝是一个东西，关于它的一切属性肯定属于它。由此就清楚得出，一切其他的东西，如果没有上帝，或者在上帝之外，是既决不能存在，也决不可思议的。正因为这样，我们有一切理由可以说，上帝是万物之因。

§2　又，因为人们传统把效能之因分成八个部分，因此让我们看，上帝以什么方式是一个原因。

这样，我们说，1. 上帝是一个衍生的，或者说是一个和它的后果同在的原因；而就后果发生这一点说，它就是一个作用的，或者说一个效能的[②]原因；所有这些，因为它们可以互相转换，因此我们说是一个东西。

2. 就它在它自身以内、而不是在它自身之外起作用说——因为在它之外没有任何东西——它是一个内存的、而不是超越的原

---

* 这些属性之所以称为“固有的”，是因为它们仅仅是一些形容词，这些形容词离开了它们的实体是无法理解的。这就是说，如果没有它们，上帝就会不成其为上帝，然而并不是它们构成了上帝；因为它们并不显示一个实体的品格，上帝就是单凭这个品格而存在的。

因。

3. 上帝是一个自由的原因[3]，而不是一个自然的原因[4]，如我们在谈到下面一个问题时可以看到并且将予以说明的，这就是上帝能不能省略不做它所做的，那时候我们就同时要说明什么是真正的自由。

4. 上帝是一个由于它自身，而不是由于偶然的原因[5]，这一点我们在讨论命定的时候将可以更加清楚地看到。

5. 上帝是它所直接地创造的那些东西的主要的原因，例如物质中的运动等等，在这些东西里不可能有次要的原因的作用，因为次要的原因永远是在特殊的东西里，例如它使一阵烈风吹干海洋，以及同样的情形，在一切存在于自然中的特殊的东西里[6]。

次要的引始的原因不在上帝中，因为在它之外没有任何东西，这个东西能强制它。而那主导的原因[7]是它的完善本身；由于这完善，它是它自身、并从而是其他一切东西的原因。

6. 上帝唯一地是第一个、或者说引始的原因，如由我们前面的证明可以得出的。

7. 上帝也是一个一般的原因，但只是就它产生不同的后果这一点说；否则就决不能这样说，因为它并不需要任何人，以产生这些后果。

8. 上帝是这样一些东西的最近的原因，这些东西是无限的、不变的，并且我们称它们是它所直接创造的。但是在某一意义下它是一切特殊的东西的最后的原因。[8]

注　释

① 据 Ch. Appuhn：Spinoza 在这一章里几乎全部地沿用了 Heereboord 在他的 Collegium logicum 一书中所用的术语和这些术语的界说。Heereboord 约与 Spinoza 同时，来顿大学哲学教授，当时荷兰经院哲学的代表，承继另一荷兰经院哲学家 Budcersdijk 的学说。这一渊源首先为 Treudelenburg 所发现，见 Treudelenburg, Beitrage zur Philosophie，Ⅲ，p. 301；全面论述了 Spinoza 与经院哲学的关系的，参看 Freudenthal, Spinoza und die Scholastik, Pholosophische Aufsätze E. Zeller gewidmet. Ethica 中与这一章有关的部分，特别参看卷一，命题 16，17，18，28 以及有关的引申命题和解说。

可以指出，Spinoza 沿用当时经院哲学的术语和这些术语的界说，不等于 Spinoza 沿袭经院哲学的学说本身；相反，如第二章 § 30 第 1—2 行所说明，这一章以及以下第四、五、六、七章正是说明，按 Spinoza 自己的学说，这些经院哲学的概念只有在什么意义下才可以，而在什么意义下不可以，应用于上帝。

② § 2，第 3 行“衍生的”Gebh.，“ausfliessende”；Ch. Appuhn “einanative”。

第 4 行“同在的”Gebh.，“darstellende”；Ch. Appuhn，“presentante”。

第 4 行“作用的”Gebh.，“tatige”；Ch. Appuhn，“active”。

第 5 行“效能的”Gebh.，“wirkende”；Ch. Appuhn，“efficiente”。

据 Ch. Appuhn，“衍生的”或“同在的”原因指这样的原因，它产生的后果和它自身没有区别，而且外在地表现了它自身，例如火与它自身的热；“作用的”原因指这样的原因，它产生的后果，至少在表面上，和它自身有区别，例如火灼热另一个物体。

③ “自由的原因”。据 Ch. Appuhn，“自由的原因”在 Heereboord 指这样的原因，它是有意识地起作用的(quae consulto causat)。Spinoza 在这里没有界说这个名词，而只说以后将予以说明。以下第四章 § 5，第 3—5 行，“真正的自由只是在于，或者说不是别的，就是那第一原因，后者不受任何别的东西强迫或驱使，唯一由于它的完善是一切完善之因。”以及同节，第 8—11 行。同样，第四章，§ 8。

④　“自然的原因”Ch. Appuhn 和 C. Gebhardt 都没有指明出处；我们揣测，这个概念，至少在 Spinoza 本人的用法，与“被产生的自然”（Natura Naturatu）的概念有关。

⑤　“由于它自身”的原因。据 Ch. Appuhn，一个人掘一个土坑，这个人是所掘的土坑的“由于自身”的原因；他在掘这个土坑时使自己受了伤，他不是“受伤”这件事的“由于自身的”原因，而只是这件事的“由于偶然”的原因。Ch. Appuhn 没有说明这是不是 Heereboord 在 Collegium logicum 中的界说。

“由于偶然”C. Gebhardt，“durch Zufall”；Ch. Appuhn，“pur accident”。

这里正文更正确、但是不太习惯的译法应该是：“上帝，由于它自身，而不是由于偶然而是一个原因”。“由于它自身”，也就是说由于它的无限的完善；“由于偶然”，也就是说由于“乌有”。

以下第六章 Spinoza 说明既没有“偶然”、或者说“偶然的东西”（Gebh.，zufaellige Dinge；Ch. Appuhn：choses contingentis），也没有“偶然的东西”的原因，或者说“偶然的原因”（Gebh. eine zufaellige Ursache i Ch. Appuhn，une cause contingente）。

因此，说：“上帝由于它自身、而不是由于偶然而是一个原因”，实际上也就是说：上帝由于它的无限完善而是万物之因，而不是说毫无原因地是万物之因；也就是说：“有”绝对地有，“乌有”绝对地无。

⑥　“因为次要的原因永远……特殊的东西里”。B 稿作：因为次要的原因是在存在于自然中的特殊的东西里”；“例如它使一阵烈风吹干海洋”作为正文的附注。

⑦　§2，第 16 行“主要的”原因 Gebhardt：“vornehmliche”；Ch. Appuhn：“principale”。

第 17 行“次要的”，Gebhardt：weniger vornehmliche. Ch. Appuhn：“moins principale”。

第 20 行“次要的引始的原因”，Gebhardt：die weniger vornehmiliche beginnende Ursache；Ch. Appuhn：la Cause initiale moins principale。

第 21 行“主导的原因”，C. Gebhardt：die vorangehende Ursache；Ch. Appuhn：la Cause dominante。

据 Ch. Appuhn，“主要的”原因由它本身的力量产生后果：“次要的”原因则是一个工具，为"主要的"原因应用来产生一个后果，至少在所举的例子中，Spinoza所用的是这个意义。Ch. Appuhn又指出，除了工具的意义外，Heereboord也把"次要的"原因称为"引始的"(catarctica)原因，例如贿赂，它使人去做一件事，而在同一的例子里，"主导的"(proegumena)原因，也就是说那动机，则是一个人的贪欲。

⑧　据Ch. Appuhn，Spinoza在这里的叙述次序和Heereboord在Collegium logicum一书的次序完全一致。在Heereboord另一著作Meletemala中，这里的第八点"最近的原因"(Causa proxima)和"远因"(Causa remota)标作第七点("最后的原因"当即为"远因")，而第八点则为"全部的原因"(Causa totalis)和"部分的原因"(Causa partialis)。

第四章　论上帝的必然的作用

§1　我们否认，并且，在我们讨论到命定的时候，我们将同时证明：上帝不能省略不做它所做的，那时候我们将要说明一切东西必然地依赖于它的原因。

§2　但是其次，这一点也可以由上帝的完善得出证明。因为，无可怀疑，上帝能把一切东西创造得这样完善，就像它在上帝的观念中被思议的那样完善；而它所思议的一切东西又不能被它思议得比它所思议的更加完善。因此，它就能把一切东西创造得这样完善，以致它们不可能被它创造得更加完善。其次，当我们说上帝不可能省略不做它已经做的时，我们是从它的完善得出这个结论的，因为如果说它能省略不做它所做的，将是说上帝之中有一个缺陷；而又不能假定上帝之中有一个次要的引始的原因强迫它这样做，因为否则它就不是上帝。

§3　但是这样就又一次提出了这个争论，就是：凡是在上帝的观念中、并且它能这样完善地做成的一切，我说，所有这一切，上帝能不能省略不做？以及这种省略在它是不是一种完善？我们说，因为凡是发生的一切都是上帝所做的，因此它就必须是由上帝必然地命定了的，因为否则上帝将是一个变化的东西，而这等于说是上帝的一个巨大的不完善。并且这种命定在上帝必须是亘古以来的永恒的决定，在这个永恒中既无过去也无将来，由此就确定得出，上帝不可能把东西预先决定得有任何不同，不同于东西现在永恒地决定的；并且上帝既不可能在这个决定之先、也不可能没有这个决定而存在。

§ **4**　并且，如果上帝省略不做某一东西，那么这必须或者出于上帝以内的一个原因，或者并不出于这样一个原因。如果是，那就必然是它必须省略这个东西；如果不是，那就必然是它必须不省略这个东西。这是自明的。并且，在被创造的东西中，一个东西存在和被上帝产生，是一个完善，因为在一切的不完善中不存在是最大的不完善。而既然上帝的意志是一切东西的福祉和完善之所在，那么如果上帝意愿一个东西没有，这个东西的福祉和完善将在于不存在；这是自身矛盾的。因此我们否定上帝能省略不做它所做的。

§ **5**　这一点有人看作是对上帝的亵渎和轻蔑，但这种说法只是出于人们并不正确理解什么是真正的自由。它绝不是，如他们所想象的那样：能够做或不做一件好的或坏的东西。而真正的自由只是在于，或者说不是别的，就是那第一原因，后者不受任何别的东西强迫或驱使，唯一由于它的完善是一切完善之因。[①]因此，如果上帝能省略不做一个东西，它将不是完善的，因为它能在它所产生的东西中省略不做好的或省略那完善的，这样的事在它之中只有由于一个缺陷才能发生[②]。至于只有上帝才是唯一的自由的原因，这一点不但由我们上面所谈到的清楚可知，并且还由于这一点，就是：在它之外没有任何外在于它的原因，这原因能强迫或驱使上帝，而这，在那些被创造的东西里是不会有的情形。

§ **6**　这里有人提出这样一个辩难：一个东西好，只是因为上帝意愿它好，因此它是好的，因此上帝也可以使坏的成为好的。这样的推理，它的说服力就好像是我说：因为上帝意愿它是上帝，因此它是上帝，因此它也就同样完全有能力不是上帝；这是荒谬之至。并且，如果有人做一件事，有人问他：为什么做这件事，回答是：因为正义这样要求。人们是否问：为什么正义，或者说，那一切正义的东西的第一原因，这样要求呢？那回答该是：因为正义意愿这样。但是，亲爱的先生，是不是那正义，我想，也能有一刻是不正义的呢？不能，因为那样它就不是正义了。至于有些人，这些人说，上帝做它所做的一切，这是因为这一切是好的，这些人，我说，也许以为他们和我们相去不远；而其实却大谬不然。因为这样他们是在上帝之先[3]已经设置下一个东西，这个东西是它必须去向往、并且被结合在一起的，也就是说，一个原因，这个原因有一种追求善的嗜欲，并且它自身又是，并且必然是好的[4]。

§ **7**　因此就又提出了另一个争论，就是，如果一切东西都是亘古以来被上帝永恒地创造、安排或预先决定为另一个，不同于它们现在的样子，是不是，我问，如果这样，上帝也还是同样完善的？对这个问题的回答是：如果自然是亘古以来被创造成另一个不同于它现在的样子，那就必然，按照赋予上帝意志和悟性的人的提法，应该得出：上帝那时候具有一个既不同于现在的意志，也不同于现在的悟性，按照这个不同的意志和悟性，它可能不同地创造了自然。从而人们不得不承认，上帝现在不是它曾经是的、曾经不是它现在是的。因此我们如果承认它现在是最完善的，就不得不说它那时候，当它要把一切创造为另一个样子时，曾经不是最完善的。所有这些都是明显的自身荒谬，并且决不能应用到上帝上去，上帝现在是、过去曾经是并且永恒地继续是不变的。

§8　并且，这一点还可以由我们上面所给的自由的原因的定义得出证明，它不在于能做、或不去做一个东西，而是在于它不依靠于任何其他东西，正因为这样，凡是上帝所做的一切，都是上帝以至高无上地自由的原因[5]的身份所做的。因此如果东西过去曾被造成不同于它们现在的样子，那就得出上帝有一个时候曾经不是完善的，而这是错误的[6]。因为，既然上帝是一切东西的第一原因，就必须在它以内有一个东西。由于这东西它做它所做的，并且不能省略不做它所做的。因为我们说，自由不在于做、或不去做一个东西，并且我们同样又说过[7]，使上帝去做某一东西的，不能是任何别的，而只能是它的完善自身，因此我们说，如果这不是它的完善，不是这完善使它这样做，那么世界上就不可能会有或者不可能会成为有这么些东西，使世界就成为今天这样的世界。而这，也就是说，如果上帝是不完善的，世界就不是它现在之所是。[8]

§9　以上说的是第一个固有性。现在我们要谈到第二个我们称为上帝所固有的固有性，并且将看到，关于这个固有性，我们应该说它是怎样的情形，并如此继续下去，直到最后。

注　释

①　“而真正的自由只是……是一切完善之因。”

B稿作：“而真正的自由只是在于这里，就是那第一原因不是由任何别的东西强迫或驱使的，只是由于它自身的完善是一切完善之因。”Sigwart不同意B稿的读法，但同时也怀疑真正的自由就是那第一原因的说法，而趋向于读作“而真正的自由只是在那第一原因之中”。

② “这样的事在它之中只有由于一个缺陷才能发生”。B稿作:“这样的事如果能在它之中发生,只有它自身包含着一个缺陷”。

③ “上帝之先”。A稿原作“上帝之先”,由Monnikhoff的笔迹改为“当作好的”,文义成为“因为这样他们就是事先假定了某个东西作为是好的”。B稿沿袭了这个改动。Sigwart据Ethica Pars 1, Prop. 33, Scholium 2,和Pars 1, Appendix恢复了A稿的原读。

④ “也就是说,一个原因……并且必然是好的”。这一段A、B两稿都有舛误;这里的译文依C. Gebhardt。

Ch. Appuhn主要依B稿,改动了“Goed”一字(而替之以A稿的“God”)作:“这个东西是它必须去向往,并且被结合在一起的,并且由于这个东西它要求这个东西是好的、那个东西是正义的”。

⑤ “至高无上地自由的原因(aldervrijste)”,A稿作:“至高无上地明智的原因(alderwijste)”,可能是字形相似传抄之误,B稿改正为“自由的”。

⑥ “因此如果东西过去……而这是错误的”,B稿所无;Sigwart认为此句确应取消。

⑦ “我们说……同样又说过”,B稿所无。

⑧ “而这,也就是说……不是它现在之所是。”B稿所无。

Sigwart以为此节B稿是较早的原稿,比A稿优越。A. Wolf同意此说。

第五章　论上帝的天命

§1　第二个我们称为上帝所固有的固有性的，是天命，这对于我们来说不是别的，只是我们在整个自然以及在每一个特殊东西里看到的那种保持、维护它的存在的趋势。因为，很明显，任何东西不可能由它自身的性质而趋向于它自身的消灭；相反，每一个东西在它自身以内有一种趋势，力求保持、改善它自身的状态。

§2　因此，按这个定义，我们说有一个普遍的和一个特殊的天命。普遍的天命是这样一个天命，由于它，每一个东西，作为整个自然的一部分，被产生和被维持。特殊的天命则是，每一个东西，不是作为自然的一部分，而是作为一个整体，单独地具有的那种保持它的存在的趋势。这可以由下面的例子说明：人的四肢百体作为人体各部分而被布置和生成，这是普遍的天命；特殊的天命是每一个特殊的肢体作为一个整体、而不是作为人体的一部分所具有的那种维护、保持自身康乐的趋势。

第六章　论上帝的命定

§1　第三个固有性，我们说，是上帝的命定。前面我们已经证明，

1. 上帝不能省略不做它所做的；并且，我们知道，它已经这样完善地创造了一切东西，以致一切不可能更加完善。并且我们证明，

2. 任何东西，没有上帝就既不能存在，也不可被思议。

§2　现在我们看，是不是在自然里有任何偶然的东西，也就是说，是不是有一些东西既可以发生也可以不发生。另一方面，有没有我们不能问其存在原因的东西。

没有任何偶然的东西，我们证明如下：

一个东西没有任何存在的原因，就不可能存在；一个偶然的东西是没有任何原因的。

因此：

第一个命题毋庸讨论。第二个命题我们证明如下：

一个偶然的东西，如果它具有一个特定的、确实的原因，那就必然应该存在。但是它同时既是偶然又是必然的，这是矛盾的。

因此：

§3　也许有人说，一个偶然的东西固然没有一个特定、确实的原因，但是可以有一个偶然的原因。如果这样，这一点必须或者

是在分别的、或者是在综合的意义下说的，也就是说，或者是，那个原因的存在，并非就它是一个原因这一点说，是偶然的；或者，一个东西（这个东西本身在自然中是必然存在的）是使那个偶然的东西产生的原因，这一点是偶然的。但是无论第一种还是第二种情形，都同样是错误的。

因为就第一种情形说，如果那偶然的东西之所以偶然是因为它的原因是偶然的，那么同样这个原因之所以偶然必定是因为那个把它产生出来的原因是偶然的，并以此类推，至于无穷。但是，上面既已证明，一切东西依靠于一个独一无二的原因，因此必须这独一无二的原因也是偶然的，这是显明的错误。

至于第二种情形，如果这个原因没有被决定为：与其不去产生、毋宁要去产生这或那，也就是说，那个被假定为偶然的东西[①]，那它就既不可能去产生，又不可能不去产生这个东西，这是平白的矛盾。

§ **4**　现在，关于我们上面的第二个问题，即在自然中有没有我们不能问其存在原因的东西，我们的意思是要由此说明，我们必须永远追究由于什么原因一个东西存在；因为如果没有任何原因，它就不可能存在。而这个原因我们必须或者在这个东西以内、或者在这个东西之外去找寻。但是如果有人要求一个进行这个追寻的法则，那就可以说，几乎不需要任何法则。因为如果存在属于这个东西的性质，那就可以肯定，我们不该在它之外追寻它的原因。如果不是这样，我们当然应该在它之外去找寻它的原因。但是因为第一种情形只属于上帝，因此这就证明了只有上帝（如我们上面已经证明的）是一切东西的第一原因。

§5　并且由此同时清楚可知，人的这个、那个意志（因为意志的存在并不属于它的本质）同样必须具有一个外在的原因，由于这个原因它必然地产生；这一点从我们在这一章里所说的一切同样可以清楚地看到，并且当我们在以下第二卷里讨论到人的自由的时候，还可以看得更加清楚。

§6　但是，有人提出一个辩难反对所有这一切，他们说：既然我们说上帝是至高无上地完善并且是一切东西的独一无二的原因，一切东西的主宰，佑护者，它怎么会允许在自然里随处存在这样一种显而易见的混乱？并且为什么它没有把人创造成这样，以致使他不可能去犯罪？

§7　首先，人们没有权利说：自然里有混乱；因为对于任何人不能说，已经认识了东西的全部原因，可以来作这样的判断。这个辩难毋宁是出于一种无知，就是：人们设置种种普遍的观念，而特殊、个别的东西，他们以为，必须符合于这些普遍观念，才能成为完善的。这些普遍的观念，按他们的说法，是存在于上帝的悟性中的。例如，很多柏拉图学派的人就曾说过，这样一些普遍的观念（例如“理性的动物”[②]，等等）是由上帝所创造的。并且尽管亚里士多德学派的人说，这些东西不是真实的、而只是理性的东西，但是他们也还是常常把它们当成东西来看待，因为它们就曾这样清楚地说过：上帝的佑护并不及于特殊的东西，而只是及于整个的类，例如，上帝并不曾把它的佑护加诸步赛法罗等等，而只是加诸整个的马类。又说，上帝对个别的、消逝的东西没有认知，只是对普遍的东西才有认知，而后者按他们的说法是不消逝的。但是我们曾正确地指出，这是他们的一种无知[③]，因为只有特殊、个别的东西才有原因，而那些普遍的东西是没有原因的，因为它们什么都不是。

因此上帝是那些特殊的东西的原因和佑护者。因此如果特殊的东西必须符合于另一个性质，那它们就不能符合于它那自己的性质，并从而不能是这一个，正是它们真实所是的东西了。例如，如果上帝把一切人造成一如堕落前的亚当，它就只是创造了亚当、而不是彼得和保罗。但是上帝的完善恰恰在于，它给了一切东西，从最卑微的直到最伟大的，以它们各自的本质，或更好地说，它在它自身之中具有一切的完善。

§8　关于第二点辩难，为什么上帝没有把人创造成使他不去犯罪？我们回答说，一切被称作罪恶的东西，只是从我们的观点去说，也就是说当我们把两个东西互相比较，或是从不同的观点去进行比较[④]。例如，当一个人制造了一只钟表，为的是要它敲打和报告时刻，如果那作品完全符合匠师的意图，我们说，它是好的；否则就说，它是坏的，虽然即使在这后一种情形它同样也可以是好的，如果匠师的意图本来就是：要把它做成运行不灵、报时不准的。

§9　因此我们得出结论，说：彼得就必然应该符合于彼得的观念，而不是符合人的观念；好、坏或者罪恶只不过是思想的方式，而绝不是什么东西，或什么具有实在性的事物。因为自然中的一切东西和作品都是完善的。

注　释

①　“至于第二种情形，……被假定为偶然的东西”。

这里我们依 Ch. Appuhn 似乎杂糅 A、B 两稿，但是更清楚可读的译文。

C. Gebhardt 按 A 稿作："Was das zweite angeht: wenn die Ursache nicht mehr bestimmt waere, das eine oder andere hervorbringen, d. h. um diese Etwas hervorzubringen oder zu unterlassen, sie hervorzubringen,……"。

据 Gebhardt B 稿作："das eine als das andere hervorzubringen, oder zu unterlassen"。

② "理性的动物"。

A 稿作"理性的","动物";B 稿改正为"理性的动物"。

③ "但是我们曾正确地指出，这是他们的一种无知"，依 A 稿。

据 C. Gebhardt，B 稿，因为传抄者看不到这一句所指的上文，改作："但是我们必须正确地指出，这是他们的一种无知"。

Freudenthal (Spinozastudien, Zeitschrift fuer Philosophie, 108, Bd., S. 244), Ch. Appuhn 并主 B 稿。

Sigwart, Busse, A. Wolf, C. Gebhardt 主 A 稿。

Busse (Beitrage zur Entwicklungsgeschichte Spinozas, Berlin, Schade 1885, S. 88)以为 Spinoza 这里是引 Cogititiones Metaphysicae 一书，可能指第二卷，第七章。A. Wolf 同此说。

C. Gebhardt 答复了 Freudenthal 的论点（按 C. Gebhardt 的答复，似乎 Freudenthal 并未见到 A、B 原稿，而只是见到 Van Vloten-Land 的版本），并提出这一句所指的只是本节上文第 2—3 行"这个辩难毋宁是出于一种无知"一句，用意在于加重上文所说"无知"一义。

④ "当我们把两个东西互相比较，或是从不同的观点去进行比较"。

B 稿在"或是"后加"把一个东西"。Sigwart Ch. Appuhn 依 B 稿。

第七章　论不属于上帝的属性[①]

§1　现在我们开始讨论这样一些通常被人们加之于上帝、但是它们却并不属于上帝的属性*；也谈到这样一些属性，人们力求用它们去定义上帝[②]，但只是徒劳[③]；同时也谈到真实定义的一些法则。

§2　为此，我们且不去谈那些一般人所有的种种关于上帝的想象，而只是简略地考察一下哲学家们关于这个问题对我们说些什么。这些哲学家把上帝定义为一个东西，这个东西是出于或由于它自身而存在的，是一切东西的原因，是全知的、全能的、永恒的、单纯的、无限的，是最高的善，是具有无限的同情心的，等等。但是在研究这个问题之前，我们且看一看，首先他们向我们承认的〔他们是怎样认识这个问题的〕。

§3　首先，他们说，关于上帝，不可能有真正或正规的定义；因

---

* 至于说到上帝由之形成的那些属性，它们不是别的，只是无限的实体，其中每一个都无限地完善。这一点必然地是如此，这是有理性清楚、明确地为我们指明的。但是，在所有这些无限的实体当中至今只有两个实体通过它们自身为我们所知，这一点也是事实，这两个实体就是思想和广袤。而此外一切通常被说成上帝所有的东西则不是属性而只是一些特定的式态，这些式态，可以或者就上帝全体，也就是就它的一切属性而言，或者就它的一个属性而言，说成是上帝所有的。因此，就一切属性而言，例如，就说：它是永恒的、由它自身而存在的、无限的、万物之因、是不变的。就一个属性而言，例如，就说：它是全知的、明智的等等，这是关于思想；说它是无所不在的、充满一切的等等，这是关于广袤。

为，按他们的说法，定义只能由类和差别组成；而上帝既不是任何类中之种，因此我们不可能正确或正规地定义上帝。

§ **4** 此外他们说，上帝不可能被定义，因为定义必须直接地、正面肯定地说明一个东西；而按他们的说法，我们不可能正面肯定、只能从反面通过否定认识上帝，因此不可能有一个正规的上帝的定义。

§ **5** 此外他们还说，上帝是决不能先天证明的，因为它没有原因，它只能或然地、或者说通过它的后果来加以证明。

由于他们的这样一些说法，他们就充分承认了他们对上帝是所知很微末、很有限的，因此现在我们就不妨来考察一下他们的定义。

§ **6** 首先，我们没有看到他们在这里给了我们任何属性，认为由这些属性一个东西就是这个东西④，而只是给我们一些固有性，后者固然属于这个东西，但决不说明这个东西是什么。因为尽管由自身而存在，为一切东西的原因、至上地完善、永恒、不变等等只能为上帝所固有，但是我们由这样一些固有性并不能知道上帝的本质是什么，以及上帝具有一些什么属性，这些固有性就属于这些属性。

§ **7** 同时在这里，我们还可以注意看一看，那些被他们说成为上帝所有、却并不属于上帝的东西；例如全知的、同情的等等，这些东西，因为它们只是思想的东西的一些特定的式态，并没有以它们为式态的那个实体⑤，它们是决不能存在，也决不能被思议的。因此它们也就不可能被说成是上帝所有的，上帝是一个唯一由于它自身而存在的东西。

§ **8** 最后，他们称它为最高的善。但是这一点，如果他们是在他们已经说过的，就是：上帝是不变的，是一切东西的原因这个意义以外另有所指的话，他们就是迷失在自己的概念里，或者说不知所云了，而这是出于他们对善、恶的错误理解。因为他们以为，人本身而非上帝是他的罪恶和不幸[⑥]的原因；殊不知，我们上面已证明，情形并不是这样。否则我们就必须肯定，人也是他自己的原因了。但是这一点在我们以下讨论人的意志的时候，可以更清楚地看到。

§**9**　因此，现在我们必须来揭穿这样一些被他们用来美化他们对于上帝的无知的诡辩。

首先他们说，一个正规的定义必须是由一个类和一个差别组成的。尽管一切逻辑学家都这样说，我不知道他们是从哪里得出的这一点的。并且可以肯定，如果真是这样，我们将不可能认识任何东西。因为如果我们必须事先通过一个类和差别这样方式的定义完善地认识一个东西，那最高的类我们就根本不可能认识，因为它没有任何在它之上的类。但是如果那最高的类，它是对于其他一切东西的认识的一个原因，不被认识，那么其他的、由这个类而得以说明的东西，就更不可思议，或者说不被认识了。但是因为我们是自由人，并且我们并不认为我们有任何必要受他们的意见的约束，因此我们将要，按着真正的逻辑，提出另一些不同的定义的法则，也就是说，按着我们关于自然所作的区分。

§**10**　上面我们已经看到，属性（或者如别人所称呼的那样，实体）是一些东西，或者更好地更确切地说，是一个由于它自身而存在的东西，因此是由于它自身而为人所知并且由它自身而证明它自己的。其他的东西，我们看到，只是属性的式态，没有这些属性它们就不能存在也不可思议。由于这样，因此定义有两类（或两种方式）：

1. 关于属性的定义。这些属性属于一个由它自身而存在的东西;这样的定义不需要任何类,或任何使它被更好地思议或更好地理解的东西,因为作为一个由它自身而存在的东西的属性,它们既由它们自身而存在,也就由它们自身而被认知[7]。

2. 关于其他东西的定义。这些东西并不由于它们自身,而只是由于那些属性——它们是这些属性的式态——而存在,并且必须通过这些属性就像通过它们的类而被思议。

以上是关于他们关于定义的说法。

§ **11**　至于第二点,就是:上帝不可能为我们以确切相当的认识所认识,这一点笛卡尔先生在他的《辩难和答复》中,在有关这一问题的一节(第××页)里,已经作了详细的答复[8]。

§ **12**　至于第三点,上帝不能先天证明,同样也已经由我们在前面作了答复。因为上帝既是它自身的原因,我们就只需要由它自身去证明它,并且这样的证明远比后天的证明更有决定性,后者通常都要通过外在的原因。

注　释

① Freudenthal (Spinozastudien, Zeitschrift fuer Philosophie 108 Bd., S. 258f.) 认为第七章是在第一卷第二章 § 29,以及第一卷第四—六章中作了更详细叙述的那些思想内容的初稿,为本书编纂者所保存而被插入它现在的地位,并从而,按 Freudenthal 的意见,中断了第六和第八章之间的思想连贯。

按全书看,我们也偏于认为第二章 § 29 提出了各种"固有性",同时特别强调了上帝作为"必然之因"这一方面的固有性,而从第四至第九章则都是叙述上帝的必然作用这一方面的思想。这一个次序也是和 Ethica 比较相近的。

② "用它们去定义上帝"。

据 C. Gebhardt,原稿(当是指 A、B 两稿。——译者)作"用它们去证明上帝”Freudenthal (Spinozastudien Zeitschrift fuer Philosophie，108，Bd.，S. 244）改“bewizzen”为“beschrijfen”，因为全书并没有谈到用“属性”去证明上帝存在的问题。C. Gebhardt 以为从上下文也可以看到，这里原是对举“徒劳的”和“真实的”两种定义。

③　“现在我们开始讨论……但只是徒然”。以下的叙述和这里的次序相反。以下（§2）先列举人们“徒劳地”用来定义上帝的种种“属性”；其中有些是（§6）虽然不说明上帝的本质、但是上帝所固有的“固有性”；而另一些如“全知的”、“同情的”（§7）、“最高的善”（§8）则是“一些通常被人加之于上帝，但是却并不属于上帝的属性”。

④　“认为由这些属性……是这个东西”，B 稿所无。

⑤　“以它们为式态的那个实体”。

据 C. Gebhardt，A 稿作：“以它们为本质（Wesen）的那些实体”。B 稿改正为：“以它们为方式（Weisen）的那个实体”。

⑥　“他的罪恶和不幸”。

B 稿作：“他的善和恶”。

⑦　“因为作为一个由它自身而存在的东西的属性，它们既由它们自身而存在，也就由它们自身而被认知”。

前半句“因为……而存在”，据 C. Gebhardt，A、B 稿均作：“da sie als Attribute eines durch sich selbst seinden Wesens sind”；全句当为：“因为它们既是作为一个由它自身而存在的东西的属性，也就由它们自身而被认知”。这句话，严格地说，是有些语病的。

C. Gebhardt 据 Sigwart，改为：“da sie als Attribute eines durch sich selbst seinden Wesens durch sich selbst sind.”

Ch. Appuhn 按原稿，而径作：“它们既是作为一个由它自身而存在的东西的属性而存在，也就由它们自身而被认知”。

这里为了清楚计，我们按 C. Gebhardt。

⑧　“这一点笛卡尔先生……作了详细的答复”。

这里是指笛卡尔 Meditations tonchant la Philosophie Premiere，et Objections et Piponses。

关于所标的页数，Gebhardt 注“原标第二十一页”；但是据 Ch. Appuhn “第二十一页”是 Schaarschmidt 和 Sigwart 版所标，并不是 Spinoza 当时所用版本的页数。Ch. Appuhn 作“第十七页”，注“Indication conforme an texte”，但没有注明这里所谓“Texte”是指什么。

按内容说，这里是指 Repones an cinquicines Objections 中的一节。

第八章　论产生的自然

在进而讨论其他问题之前，现在，我们将要在这里把整个自然简略地作一个划分，就是分成产生的自然和被产生的自然。

所谓产生的自然我们是指一个东西，这个东西我们由它自身，不必具有这个东西以外的任何东西（就像我们至今已经定义过的一切属性那样）就清楚、明确地理解的，而这个东西也就是上帝。同样在托马斯学派，所谓产生的自然也是指上帝；但是他们的产生的自然是一个东西，这个东西（他们这样称它）是在一切实体之外的。

被产生的自然我们把它分别为二，一个普遍的和一个特殊的。普遍的包含一切这样的式态，这些式态直接依靠于上帝，这些我们在下一章将要讨论。特殊的包含一切特殊的东西，后者为那些普遍的式态所产生。因此被产生的自然，要能够被正确理解，必需有一个实体[①]。

注　释

①　“一个实体”。

A 稿作：“一些实体”；B 稿作了改正。

第九章　论被产生的自然

§**1**　现在谈到普遍的被产生的自然，或者说，那些式态或创造物，后者直接依靠于上帝，或者说是由它直接创造的，那么我们所知的只有两个，就是：物质中的运动[*]和思想的东西中的悟性。这些，我们说，是从来就永恒存在、并且永远永恒不变的。真是一个和它的匠师的伟大相配的伟大的作品！

§**2**　单就运动来说，因为它与其属于这里，不如更恰当地说属于自然科学研究的问题，例如，它是亘古以来永恒如此并以后永远是永恒不变的，它是在自类中无限的，它不能由它自身而只是由于广袤才能存在和被思议——所有这些，我说，我们在这里将不予讨论，而只是指出一点，就是：它是一个儿子、一件作品，或者说一件由上帝直接创造的产物。

§**3**　至于思想的东西中的悟性，和前者同样，它也是一个儿子、一件作品，或上帝的一个直接的创造物，同样是它从亘古以来永恒地创造的，并以后永远是永恒不变的。

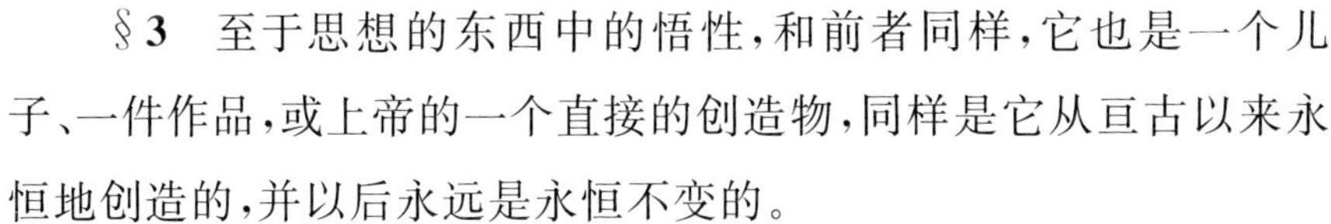

这个东西的属性只有一个，就是：在任何时候清楚、明确地认识一切东西；由此就产生出一种无限的或者说至上地完善的永不变化

---

* ①　这里关于物质中的运动所说的，不是认真地说的。因为作者②此外还要去寻找它的原因，就像后天地他已经在某个意义下做过的那样。但是这些在这里也完全无妨，因为并没有把这一点作为基础叙述什么东西，或者说并没有什么依据于它。

的完满，这个完满不能省略不去做它所做的一切。虽然这一点由它自身就十分清楚，但是在我们讨论心灵的种种情感时还要加以更清楚的证明，因此这里就不去更多地讨论它。

注　释

① 这一个注为B稿所无。

这一个注在形式和内容上都很突兀。在形式上，它不像是Spinoza，而更像是另一个第三者的口吻。在内容上，它直接否定了有关的正文。

Ch. Appuhn简捷地认为这一个注不可能出自Spinoza。

据C. Gebhardt，Freudenthal（Spinozastudien，Zeitschrift fuer Philosophie，108，Bd.）提出，在这一个注所指的正文里关于物质中的运动的说法是严格意义下的Spinoza的理论，以后，例如在书翰64(66)里他所持的也同样是这个说法，因此Freudenthal认为这一个注，如果并非完全出于第三者的谬说，当是指正文中现在已经缺佚的另一段文字。

C. Gebhardt针对这个意见指出Freudenthal没有注意到一点。Spinoza在两个问题——就是：两个已知的属性和别的未知的属性间的关系，以及个体的东西如何从广袤的属性中发生——上始终没有得出最后的结论。和Tschirnhans的往复辩论（书翰63－66，70，80－83）可以为证。对于Tschirnhans所提的问题：是否从单单的广袤这个观念就能先天地得出种种殊别的东西，Spinoza回答说：（关于这个问题）"我认为已经足够清楚地说明这是不可能的。因此我认为笛卡尔关于物质的定义——他把物质归结到广袤——是有缺陷的，而它的解决必须求之于一个属性，这个属性表明一个永恒的、无限的本质。但是我在以后也许会和你更清楚地讨论这个问题，如果我能活得足够长久的话，因为关于这个问题至今我还没有能得出任何有条理的看法。"而个体起源这个问题（Principium Individuationis）实质上是物质中的运动这个问题的基础，对于这个问题Spinoza在去世半年前，和他在他的第一部早期著作里同样没有很多回答，在后者，他说这毋宁是应该由自然科学讨论的问题。

因此C. Gebhardt不但认为不是没有意义，而且认为这是一个有重要意义的注。

关于这个注的形式，Gebhardt 以为是 Spinoza 在口述中作为一个题外的问题提出来，而由笔录者复述的。

② “作者”Gebhardt：“Verfasser”，更恰当地也许可以译作“著述者”。Ch. Appuhn 较一般地作“Auteur”。

第十章　论什么是善、恶[①]

§**1**　为了简略地谈一谈什么是善、恶本身，我们将从下面这样说起：

有一些东西是在我们的悟性里而不是在自然里的；因此它们也就只是我们自己的制造物，是帮助我们去明确理解东西的；在这些东西里，我们包括一切涉及若干不同东西的关系，并且把它们称为理性的东西。

§**2**　现在我们问：究竟善、恶属于理性的还是属于真实的东西？既然善、恶不是别的，只是一些关系，因此毫无疑义，善、恶应该归之于理性的东西；因为我们决不说一个东西好，除非是就另一个不如它、或对我们不这样有利的东西来说；因此我们说一个人坏，只是就另一个更好的人而说，或说一只苹果坏，只是就另一只好或更好的苹果而说。

所有这些，如果没有那更好或好的东西，就不能这样说，只有关系到后者，我们才说它是这样。

§**3**　因此[②]如果我们说某个东西好，这不是说别的，而只是说它符合于我们关于这一类东西所具有的普遍观念。[③]因此，东西，如前面我们说过那样，应该是符合于它们的具体特殊的观念，后者的本质应该是一个完善的本质[④]，而不是符合于那些普遍的观念，因为如果那样它们就决不会存在了。

§**4**　为了肯定我们上面所说的，虽然这在我们看来十分清楚，但是作为总结，我们再添加一个如下的证明：

凡是在自然里的一切东西，就或者是东西，或者是作用。但是善、恶既不是东西也不是作用。由此得出善、恶不在自然里。

因为如果善、恶是东西或作用，它们就应该具有它们的定义。但是善、恶（例如彼得的善良和犹大的恶毒）没有任何在彼得或犹大的本质以外的定义，因为只有后者在自然中，而前者则不能脱离后者的本质而被定义。

由此——如上面所看到的那样——得出，善、恶既不是自然里的东西，也不是自然里的作用。⑤

注　释

①　在讨论了上帝存在，什么是上帝，什么是、什么不是上帝所固有的固有性，上帝的必然作用，普遍的和特殊的“天命”，上帝的命定，产生的自然和被产生的自然之后，何以在第一卷之末，忽然提出一个“论什么是善、恶”这样一个似乎不相干的问题来，这是读本书的人普遍会发生的一个问题。

据 C. Gebhardt, Freudenthal (Spinozastudien, Zeitschrift fuer Philosophie, 108, Bd. S. 259)提出一个解释，认为第十章在第一卷之末，这一个地位是正确的：Spinoza 在这一章里把真实存在的东西和只是在我们悟性里的东西区别开来；并指出，这个秩序也和 Ethica 的有关章节相符。

Freudenthal 的这一解说也符合 Cogitata Metaphysica 所表现的思想。Spinoza 在那里(I. 1)一开始就分别了“真实的东西”和“理性的东西”。在这里，第一章至第九章可以说都是讨论“真实的东西”，而第十章，则最后指明“普遍观念”、“关系的概念”这些“理性的东西”不是真实的“东西”。

②　“因此”。

这§3 和以上§2 的关系是比较突兀的。以上§2 说，好、坏是两个东西之间的比较，而§3第一句，我们说一个东西好，只是说它符合于我们关于这一类东西的普遍观念。B稿中"因此"一字更作"由此得出"。V. Vloten最初Supplementum版依B稿，因此Freudenthal（Spinozastudien，Zeitschrift fuer Philosophie 108，Bd. S. 270）认为在§3第一句以前可能有一段缺文，因为由§2不可能"由此得出"这一句。

C. Gebhardt指出"In Voegen"（= folglich，由此得出）只在B稿出现，A稿只作一般的"also"（因此）。在"因此"这个连接词下，前后的关系还是可以理解的：好、坏是一个关系的概念，"因此"我们说一个东西好，只是说它接近于（"符合于"）我们的普遍观念。

③　"因此如果我们说……普遍的观念。"以及第2—5行，"因此，东西……决不会存在了。"

C. Gebhardt指出，在这两句之间似乎有一个矛盾：前者承认一个"普遍的观念"，而后者又否认这个"普遍的观念"。C. Gebhardt指出，"普遍的观念"在第1—2行是作为一个判断的标准而被承认，在第2—5行是作为一个真正东西而被否定；并指出以下第二卷、第四章，§5至同章§8，同样是这样。因此按C. Gebhardt，B稿显然为了清楚地说明这两句的关系，把第2行"因此"改为"但是"。

C. Gebhardt是把这两句作为两个并行的思想来看。可以指出，Spinoza在Tractatus de Emendations Intellectus §12—13也提出了同样的思想。

但是这两个思想在Spinoza哲学里是不是一个矛盾，这是一个值得更详细说明的问题。说明这个问题需要把Spinoza有关善、恶的不同叙述方式汇集在一起，并以他的整个体系作为背景，来看这个问题和其他问题的关系。

④　"后者的本质应该是一个完善的本质"。

Ch. Appuhn注原文：Welkers wezen cen volmaakte wezentheid moet zijn. Ch. Appuhn认为第一个"本质"是指"形式的本质"（essentia formalis），也就是观念的对象（Ideatum idaal），而后面"完善的本质"是说一个"实在的"（realis）或"真实的"（vera）的本质。Ch. Appuhn举出，Ethica Ⅱ. def. 6，"par realitatem et perfectionen idem intelligo"。在Spinoza没有任何"形式的本质"与一个普遍的观念相合。

⑤　"为了肯定……也不是自然里的作用。"

Sigwart和Freudenthal（Spinozastudien，Zeitschrift fuer Philosophie，108 Bd，& 259）认为这一节是后加的，或是别人所加的。

第 二 卷

论人和属于人的东西

序　　论

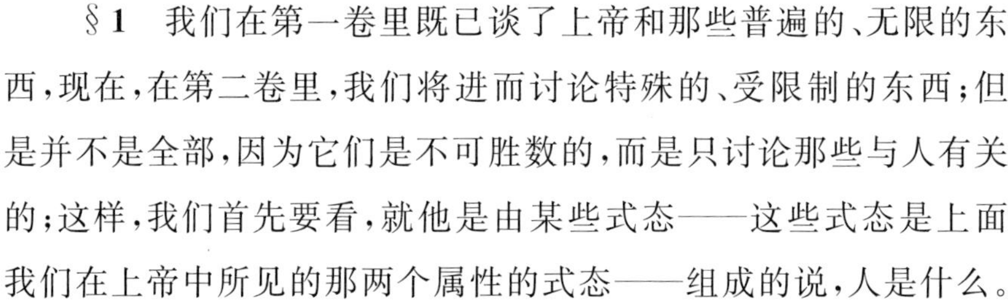

§**1**　我们在第一卷里既已谈了上帝和那些普遍的、无限的东西，现在，在第二卷里，我们将进而讨论特殊的、受限制的东西；但是并不是全部，因为它们是不可胜数的，而是只讨论那些与人有关的；这样，我们首先要看，就他是由某些式态——这些式态是上面我们在上帝中所见的那两个属性的式态——组成的说，人是什么。

§**2**　我说：某些式态，因为我决不认为人，就他是一个精神、心灵或躯体说，是一个实体，因为我们在本书一开始就已经说明：

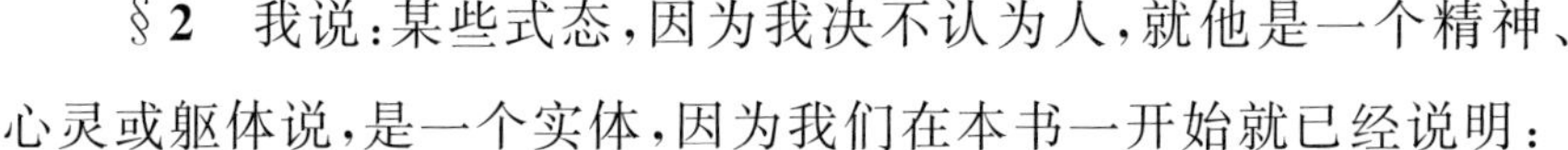

(1) 任何实体不能具有开始；

(2) 一个实体不能产生另一个实体，以及最后

(3) 不能有两个相等的实体。

既然人不是亘古以来永恒存在的，是受限制的，并且是和很多人等同的，因此，他不能是实体。

1. 我们的心灵或是一个实体，或是一个式态；它不是一个实体，因为我们证明自然中不能有受限制的实体；因此它是一个式态。

2. 因为它是一个式态，它就必须或是实体性的广袤的式态，或是实体性的思想的式态；它并不是广袤的式态，因为，等等；因此它是思想的式态。

3. 实体性的思想，因为它是不可能受限制的，因此在它的自类之中无限完善，并且是上帝的一个属性。

4. 一个完善的思想必须对于一切、并从而对于每一个存在着的东西，既包括实体也包括式态，毫无例外地具有一个认识、观念式思想的式态。

5. 我们说“存在着的”，因为这里我们不是说一个认识、观念等等，这个认识、观念笼统地知觉一切东西的性质——这些东西在本质上互为连锁——而不问它们的特殊的存在，而只是说那些特殊的东西，就它们开始入于存在而说的，关于它们的一个认识、观念等等。

6. 关于每一个特殊的、开始入于存在的东西的这个认识、观念等等，我们说，是每一个这样的特殊的东西的心灵。

7. 每一个特殊的，开始入于存在的东西，是由于运动和静止而开始入于存在，一切在实体性的广袤中的式态也同样都是如此，这些式态我们称为物体。

8. 这些物体的不同，仅仅来自一个不同的运动和静止的比例，由于这个比例，这一个是这样而不是那样，这一个是这一个而不是那一个。

9. 同样由于这个运动和静止的比例，这一个物体——也就是我们的躯体——开始入于存在；因此，也和其他一切东西一样，必定在思想的东西里有一个认识、观念等等，也就是我们的心灵。

10. 但是这一个作为我们的躯体的物体，当它尚未出生时，是在另一个运动和静止的比例中，当我们既已死亡时，又将在另一个比例中；但是尽管这样，并不是说以前，也不是说以后就不和现在一样，在思想的东西里有一个关于我们的躯体的观念、认识等等；

而只是说不是那同一个，因为它现在所处的是另一个不同的运动和静止的比例。

11. 为了在实体性的思想里产生一个这样的、和我们现在具有的心灵一样的观念、认识或思想的式态，就必须有一个不是任便的物体（因为否则对于这个物体的认识也就和它不同），而是需要一个这样的物体，后者恰恰是在一个这样的、而不是别样的运动和静止的比例中；因为是这样的物体，也就是这样的心灵、观念、认识等等。

12. 因此，如果这样一个物体具有并保持这样一个它所固有的比例，举例说，一比三的比例，这个心灵和这个物体就是我们现在所有的这样，它处在不断的变动中，但是这个变动的限度最大不大于一比三的极限；每一次这个物体有多少变动，心灵同样就有多少变动。

13. 这一个由另一个物体作用于我们的躯体而在我们以内产生的变动，不可能发生而不为我们同样在不断变动中的心灵所知觉。而这个变动[①]，也就是我们通常所说的感觉。

14. 但是如果另一个物体这样强烈地作用于我们的躯体，以致一比三的它的这个运动和静止的比例不能维持，这样也就是死亡，并且，就它只是具有这样运动和静止比例的一个物体的观念、认识等等而说，也就是心灵的消灭。

15. 但是因为心灵是思想的实体的一个式态，因此它就有可能，和广袤的实体一起[②]，同样认识并爱恋思想的实体，并通过和这些实体的结合（后者是永远不变的）而使自己入于永恒。

§3　因此，凡是为他所有的一切思想，只是我们认识为上帝所有的那个思想属性的种种式态，另一方面，凡是为他所有的一切形式、运动以及其他东西，同样只是我们认识为上帝所有的那另一个属性的种种式态。

§ **4** 由此也许有人企图证明：因为人的性质没有这些属性（我们自己也曾承认这些属性是实体）就不能存在也不可思议，因此，人是一个实体；但是这种说法的基础却只是一些错误的假定。因为既然在人的躯体这样一个形式存在以前，物质或者说物体的性质已经存在，这个性质就不可能是人的躯体所独有的，因为很明显，在人尚不存在的时间里，它绝不可能属于人的性质。

§ **5** 而如果他们提出这样一个基本规则，即，没有它一个东西就不能存在也不可思议的，属于这个东西的性质，那我们就否认这样一个基本规则。因为我们证明，没有上帝任何东西就不能存在也不可思议，也就是说，上帝必须首先存在并被思议，然后这些特殊的东西才能存在并被思议。并且我们曾经说明，类并不属于定义的性质，凡是不能没有另一个东西而存在的，没有这个东西就不能被思议。既然这样，我们提出一个什么规则，按照这个规则可以知道什么东西属于一个东西的本质呢？这个规则是：凡是没有它一个东西就不能存在也不可思议的，即属于这个东西的本质，但不只是如此，而必须永远有逆反的可能。也就是说，没有这个东西，那被肯定于它的既不能存在也不可思议。

这样，从以下第一章开始，我们就来讨论这些组成人的式态。

注　释

① “而这个变动”，据 Gebhardt 注，Boehmer (Zeitschrift fuer Philosophie und Philosophische Kritik, Band 42, S. 79)建议，改读“而对于这个变动的知觉”，Sigwart, A. Wolf 并从之。我们同意 C. Gebhardt，后者正确地指出，在 Spinoza 心灵里的变动，与躯体的变动平行相应，本身就是感觉，这里并不发生所谓自我意识的问题。

② “和广袤的实体一起”。

Gebhardt 注：Sigwart findet, dass sich durch die Einfuegung der Worte 《neben der Substanz der Ausdehnung》 der Gegensatz, auf den er ankomme, von Vergaeglichem Modus und einiger Substanz verschft, der Text in der vertiegenden Gestalt kann aber durchauskorrekt sein, denn die Seele muss zu ihrer Ewigkeit neben der Substanz der Ausdehnung, von der eben (33－38，即本注“xiv”) die Rede war, auch die Substanz des Denkens mit sich in Liebe vereinigen.

第一章　论意见、信仰、认识[1]

§**1**　现在我们开始讨论那些组成人的式态，为此我们将谈到1.它们是什么；2.它们的后果；3.它们的原因。

关于第一点，我们将从那些首先为我们所知的说起，也就是说一些概念，或者说对于我们自己以及我们之外的东西的认识的意识。[2]

§**2**　我们取得这些概念[3]，或是

1. 单纯由于信仰（这信仰或者产生于经验或者产生于听闻）；或是

2. 由于一种真实的信仰；或是

3. 由于一种清楚、明确的认识。

第一种，一般都是会错误的。

第二、第三种，虽然互相不同，但是都不可能有错误。

§**3**　但是为了更加明确地说明所有这一切，我们举一个由三数定律取来的例子。一个人听人说，按三数定律，如果我们以第三数乘第二数并以第一数除所得之积，得出第四个数，这第四、三两数之比等于第二、一两数之比，这人不去考虑告诉他这个方法的人也许诳骗，就直接以此指导他的工作；可以肯定他对于三数定律的认识不多于一个瞎子对于颜色的认识，而他到处宣传他所听来的东西，只是像一只鹦鹉学舌而已。

另一个人，更善于思想，因此不满足于听闻，而是在若干特定的运算中予以检验，当他发现这些运算都和这个定律相合时，就对这个定律加以信仰。但是我们曾正确地予以指出，这一方式同样不免于错误，因为他如何能保证，他从若干特定事例取得的经验可以是他概括一切事例的定律？

第三个人，既不满足于听闻，因为听闻可能是欺诳的，也不满足于若干特定事例的经验，因为经验不能是一个普遍的规律，而是去求助于真实的理性，因为后者，当我们正确运用它时，是从不欺诳的。这个理性告诉他，由于这些数字的比例的特性，因此事情只能是这样而不能是、也不会是别样。

但是第四个人，这个人具有最清楚的认识，就既不需要听闻，也不需要经验，也不需要理性的推理论证，因为，通过他的直观，他在一切运算中一下子知觉到那个比例[④]。

1. 那些组成人的式态是一些概念，分为意见、真实的信仰和清楚、明确的认识三类，每一个概念，各从其类，为对象所引起。

2. 由这一种信仰而来的各种表象，将在下一章详细说明，并且有时称之为意见，它们事实上就是那样。

3. 这种人仅仅由于听闻便以为如何如何，或者如通常说的那样，便信以为如何如何。

4. 这种人不是仅仅由于听闻，而是由于经验，以为或信以为如何如何；以上也就是说：想象的两种方式。

5. 这种人由于真实的信仰而确信如何如何，这种真实的信仰不可能欺诳他，这是真正的所谓一个人相信如何如何。

6. 但是最后这一种人既不想象也并不是相信，他不是通过另一个东西，而是就在那个东西本身看到那个东西本身。

注　释

① Gebhardt 注，本章从题目开始，A 稿在正文四周附有若干边注，内容仅为正文的简单摘要，显系后人所加。B 稿选录了其中若干条。在 Gebhardt 的译文中全予删除。据 Ch. Appuhn，这些附注共六条，分属从题目开始的正文各节，我们觉得于正文了解不无裨益，从 Ch. Appuhn 汇总译出，附在全章之末。

② "关于第一点……认识的意识"。

Gebhardt 注，Sigwart 首先提出本节显有错误。Freudenthal（Zeitschrift fuer Philosophie，108 Bd. S. 273）以为"认识"与"意识"重文复出，应删其中之一，并改读末句为："然后，我们将讨论那些在我们之外的东西"。Gebhardt 同意前一点，但提出分割内在、外在经验为二，于下文无据。Gebhardt：Sigwardt haelt den Text fuer verderben，ohne Verbesserungsvorschlaege zu machen，Freudenthal（Spinozastudien，Zeitschrift fuer Philosophie，108 Bd. S. 273）moechte "dem Bewusstsein" als Dublette von der "Erkenntnis" streichen，und ergaezen："und dann wollen wir von den Dingen handeln，die ausser uns sind". Hierbei scheint mir die Trennung der inneren und aeusseren Erfahrung durch das Folgende nicht begruendet，waehrend die Fantologie von Bewusstsein und Erkenntnis wohl die Streichung des einen Begriffs rechtfertigen kann.

③ "我们取得这些概念，……"

Freudenthal（Spinozastudien，Zeitschrift fuer Philosophie 108，Bd. S. 272—274）认为，这一节和上一节之间缺落了一节关于"那些组成的式态"的讨论，可能是 Spinoza 在修改原稿时（见第二卷《序论》的注，第二十章注三、四和《附录二》）自己把这一节删去的。

④ "他在一切运算中……那个比例"。

C. Gebhardt 注，B 稿作："他一下子知觉到那个比例和一切运算"，A 稿把荷兰文的"en"改为"in"，把这一句正确地改为"他在一切运算中一下子知觉到那个比例。"

第二章[①] 什么是意见、信仰和清楚的认识

§ **1** 现在我们将讨论我们在上一章里所说各种不同认识的后果，并且，顺便再一次说明什么是意见、信仰和清楚的认识。[②]

§ **2** 第一种我们称为意见，因为它不能摆脱错误的可能，并且决不会产生于我们所确知的东西上，而只会产生于这样的场合，即一个人是在揣测或臆度。[③]第二种我们称为信仰，因为，单纯通过我们的理性所把握的东西并非为我们所实见，而只是通过一种合理的信念而为我们所知：它必须是这样而不能是别样的。但是，一种这样的认识我们称它为清楚的认识，这种认识不是通过一种合理的信念，而是通过对东西本身的感觉和对它的享有而产生的，这一种认识远胜于其他的认识。

§ **3** 这些作为引论说过以后，现在我们谈到它们的后果；关于这一点我们这样说：从第一种，产生一切与正确理性相悖的被动感情；从第二种，产生良好的欲望；从第三种，产生真实的、正当的爱恋以及由这种爱恋而来的一切。

§ **4** 由此可知我们把认识看成是心灵里一切感情的直接因，因为我们认为一个人绝不可能既不按以上的式态思议也不认识，竟会被迫产生爱恋、欲望或其他一切意志的式态。

注　释

① Freudenthal (Spinozastudien, Zeitschrift fuer Philosophie, 108 Bd. S. 261 f. und 266)指出,整个第二章只是第一章的简单重复。

② “……意见、信仰和清楚的认识。”

Gebhardt 注,A 稿在这一句以下有一句多次窜入正文的无意义的读者注:“因此第一种我们称为意见,第二种称为信仰,而第三种则是我们所说的真正的认识。”B 稿把这一句删去了。

③ “而只会产生于这样的场合,……是在揣测或臆度。”

Gebhardt 注,B 稿此句误读为:“而只会产生于这样的场合,即我们揣测或臆度,这是一种意见。”(“nur dort, wo wir vermuten und meinen, dass davon die Rede ist.”)

第三章[①] 被动感情的起源，由意见产生的被动感情

§1 现在我们看，怎样按我们所说，从意见产生出被动的感情。为了更好地说明并易于理解，我们将从不同的感情中选出若干，并以这些为例说明我们所要说明的。

§2 第一是惊讶；它是以第一种式态认识事物的人具有的感情。因为，从若干特殊事例作出了一个普遍的结论，当他看到某个东西竟和他的这个结论相悖时，便不知所措了[*][②]，如一个人只见过短尾巴的羊，看到长尾巴的摩洛哥羊就要惊讶不置。因此传说有一个乡下人，一向以为在他的田亩之外就再没有田亩，有一次一头母牛走失了，不得不走出很远去寻找他的母牛，竟大为惊讶，原来在他的田亩之外还有这样广大的土地。

§3 可以肯定，同样的奇遇会发生在很多哲学家身上，这些

---

* 这一点不应该理解为似乎在惊讶之前必须有一个正式的结论，而是，即使没有一个正式的结论同样也会发生惊讶，如果我们暗暗地假定事物就是这样，一如我们习惯所见、所闻或所想的那样，而不是别样。因此如果亚里士多德说：狗是一条会吠的动物，他就作出一个结论说，一切会吠的东西是狗。但是如果一个乡下人说：一条狗，他暗暗地理解的正是亚里士多德用他的定义所理解的东西。因此如果这个乡下人听见吠声，他就说：一条狗；如果他们听到另一个动物在吠，那个并没有作任何结论的乡下人的惊讶不下于有一个结论的亚里士多德。不止如此，如果我们见到一个东西，这个东西我们以前从未想到过，即使并不是从未整个或部分地见过和它相似的东西，而只是并非安排得完全一样，或是我们从未这样地受过它的影响，等等。

哲学家一向以为在他们所站的这一块狭小的土地或小泥丸以外（因为他们从不曾看过别的）就什么都没有了。但是，在那些取得了真实结论的人，就绝不会有丝毫惊讶。这是关于第一个。

§ **4**[③]　第二个将是爱恋。因为爱恋或者产生于真实概念，或者产生于意见，或者，最后，产生于单纯的听闻[④]，我们将看到，首先，它如何产生于意见，其次，如何产生于概念；因为第一种关系到我们的毁灭，第二种关系到我们的最高康乐；然后说到最后一种。[⑤]

§ **6**　关于第一种爱恋[⑥]，情形是这样，任何时候一个人看到、或是想象他看到某个东西好，就会要求和这个东西结合为一；并且，为了在这东西中所见的好，就把这个东西选为最好的东西；这时候他在这个东西之外就不认识还有什么比这更好、更可爱的东西。但是如果像极常见的那样，他又认识了一个比他现在所知的更好的东西，他就立刻把他的爱恋从第一个东西转移到第二个东西上去；所有这些，我们在讨论人的自由的时候将予以更清楚的说明。

§ **7**　关于从真实概念而来的爱恋[⑦]，因为这里不是讨论这个问题的地方，我们在这里将存而不论*，只讨论第三、即最后的一种，也就是仅仅从听闻而来的爱恋。[⑧]

§ **5**[⑩]　这一种爱恋，我们通常从孩子们对于父亲的态度里可以看到[⑪]，因为父亲说这个或那个东西好，因此孩子也就喜爱这个东西而不求对于这个东西有进一步了解；我们又可以在这些人身

---

* 这里不讨论由真实概念或清楚的认识而来的爱恋，因为它并非由意见产生，但是关于这，参看第二十二章。[⑨]

上看到，这些人为了对他的家乡、祖国的爱而捐弃生命；以及在所有那些因为听说到某个东西，就对某个东西热衷的人身上看到。

§**8**　其次是和爱恋相反的东西，憎恨，它产生于由意见而来的错误。因为如果一个人得出结论：某某东西好，而来了另一个人作了某种有损于这个东西的事，前者就对后者产生了憎恨。这在一个认识了真正的善的人，以下我们说明，是决不会发生的事。因为一切存在或可思议的东西，和那真正的善相比，都只是极无谓的苦恼而已，而一个人如此纠缠于极无谓的东西，与其可憎，宁非可怜么？

最后，憎恨也可以仅仅出于听闻，例如我们看到，土耳其人憎恨犹太人和基督徒，犹太人憎恨土耳其人和基督徒，基督徒又憎恨犹太人和土耳其人，等等。因为所有这些人，他们之中的绝大部分对于旁人的宗教和文化是多么无知！

§**9**　现在说到欲望，不论（如某些人所主张的）它在于一种要求或倾向，想取得一个人所缺少的，或是（如另一些人所主张的）* 在于保持我们已有的东西，总之可以肯定，任何人如果有一个欲望，这个欲望就没有不是因为有一个东西在他看来好，所以他才发生这个欲望的。

§**10**　由此清楚可知，欲望和我们上面所说的那种爱恋一样，是出于第一种认识方式的，因为一个人如果听人说到某某东西好，就会产生对这个东西的要求和倾向，例如在一个病人身上可以看

---

* 前一个定义较好，因为一个东西被我们享有了，也就停止了对于这个东西的欲望；那时候，我们具有的保持这个东西的倾向，并不是一个欲望，而是一种唯恐失落所爱的东西的恐惧。

到，一个病人只是因为听医生说某某药品对于治他的病有利，就立刻产生对于这种药品的欲望。

欲望也产生于经验，例如我们在医生们的习惯中可以看到，医生如果发现某一种药品几次有效，就会习惯地把它看作是一种万灵的东西⑫。

§ **11**　所有以上我们关于这些感情所谈的，大家可以看到，也同样适用于其他一切感情。但是，因为以下我们即将谈到哪些感情对于我们是合理的，以及哪些感情对于我们是不合理的，这里就不再一一讨论了。

这样，我们就结束那些由意见产生的被动感情。⑬

注　释

①　Gebhardt 注：Freudenthal (Spinozastudien, Zeitschrift fuer Philosophie 108 Bd. S. 266) sicht in Kapital 3 einen der spaeteren Bestandenteile der Schrift, parallel mit Kapital 14 § 1—Kapital 20 § 6, weil hier die Gemuetsbewegungen auf Erkenntnisse zurueckgefuehrt werden, waehrend sie Kapital 4 § 11—Kapital 14 § 1 einfach im Anschluss an Descartes dargestellt werden. Dabei gehoert aber Kapital 3 wegen der abweichenden Klassifikation der Erkenntnisarten wieder einer anderen Entstehungszeit an, als Kapital 1 und sein Dublette Kapital 2. (Freudenthal a,a O, S. 262 f).

②　Gebhardt 注：A 稿中注①附属于 § 2，第 1 行"……具有的感情。"句下，B 稿改正了它的附属关系。

③　注意，此地依 Gebhardt 所据 A 稿次序，因此 Sigwart 的分节 § 5 在 A 稿中在 § 7 之后；整个的次序是 § 4，§ 6，§ 7，§ 5。

Gebhardt 注：§ 4— § 5(中间包括 § 6，§ 7)，B 稿文句的次序和这里所据的 A 稿不同，Sigwart 是根据 B 稿分节的。不同的文句所在如下：§ 4，第 1—3 行；§ 5，第 1—5 行；§ 6，第 1—7 行；§ 7，第 1—2 行；又，§ 4，第 3—5 行；

§7,第2—3行为B稿所无;这些不同和删节将逐条说明。

Gebhardt认为B稿这些改动都是合理的,并因此更可以证明A稿是一份原来的演讲笔记的残稿。(Gebhardt:"Zweifellos ist diese Ordnung lozisch gefordert, womit sich wohl die Ursprueenglichkeit der Orderung von A. etwa als Niederschlag eines freien Diktats, vereinbaren liesse.")

④ "因为爱恋或者产生于……单纯的听闻"。

B稿此句作:"爱恋产生于:1.听闻;2.意见;3.真实概念。"

⑤ "我们将看到,首先……然后说到最后一种。"B稿此句删去。

⑥ "关于第一种爱恋",

B稿改为"关于第二种爱恋"。

⑦ "关于从真实概念而来的爱恋……",

B稿改为:"关于第三种,亦即从真实概念而来的爱恋……。"

⑧ "……只讨论第三……仅仅从听闻而来的爱恋。"B稿此句删去。

⑨ 本注"显然是一个读者的按语,而不是Spinoza的原注;Gebhardt没有译录在正文里,以便保持原注的数目和Gebhardt德译本一致。"

⑩ 这一节在B稿中直接在§4,第3行以下(参看§4,第1—3行B稿的改动)。

⑪ "这一种爱恋……可以看到",B稿改为"关于第一种爱恋……可以看到"。

⑫ "就会习惯地……万灵的东西",

B稿作:"就会习惯地把它当成一种万灵的东西而乞灵于它"。

⑬ "这样,……被动感情"。

Gebhardt注,A稿这一节结束语原来是:"以上我们关于这少数的、但是最主要的几种被动感情所谈到的,同时也适用于其他一切被动感情,这样,我们就结束……";这里上半句显然是上文第1—2行的重复,B稿和Sigwart都把它删去了。

第四章　论由信仰产生的善、恶，并论人的善、恶

§ **1**　上一章既已说明，被动的感情如何产生于由意见而来的错误，现在我们来看其他两种认识方式的后果，首先我们从我们称作真实信仰*的说起。

§ **2**　这一认识方式告诉我们东西应该是什么，但并不告诉我们它真实地是什么。这是为什么它永远不可能使我们和那个被信仰的东西结合为一的原因。因此我说它只能告诉我们东西应该是什么，而不是说它是什么，这两者是有很大区别的。因为，如我们上面在三数定律的例子里所看到的，如果说一个人可以通过比例的性质而求得一个第四个数，这第四个数和第三数之比等于第二、一两数之比，这样他（在经过乘、除运算之后）可以说：这四个数必然成比例；但是，尽管如此，他说到这一点，仍然像说到一个在他之

* 信仰是一个坚定的、基于一定的理由的信念，这些理由使我在我的悟性中确信，东西在我的悟性之外真实地就是这样，像我在我的悟性中确信的一样。我说"一个坚定的、基于一定的理由的信念"，是使它既有别于意见，后者永远是疑惑的、不能免除错误的，又有别于认识，后者不是一个基于一定理由的信仰，而是和东西直接结合。又说：东西在我的悟性之外真实地就是这样，我说"真实地"，是因为这些理由在这里不可能欺骗我，因为否则这些理由就和意见无别；说"就是这样"，是因为信仰只能告诉我，东西应该如何，而并不是它真实地是什么，否则信仰和认识就没有区别。〔在我的悟性〕之外，因为它使我们理智地掌握一个不是在我们以内、而是在我们之外的东西。

外的东西。但是如果他，像我们在第四个例子[①]里所说的那样，直接看到那个比例，那时他就真实地说：东西是这样，因为那时东西是在他以内，而不是在他之外。这是第一点。

§**3**　真实信仰的第二个后果是，它把我们带到一种清楚的认识，我们基于这种认识而爱恋上帝，并使我们理性地知觉到它不是在我们以内，而是在我们之外的东西。

§**4**　第三个后果是，它为我们提供一种好、坏的认识，并且为我们指出一切应该消除的被动感情。因为上面我们说过，凡是由意见而来的一切被动感情都有可能产生巨大危害，因此我们值得在这里看一看这些被动感情如何通过这第二种认识的鉴别和淘汰，从而知道其中哪些是好、哪些是坏的。*

为此，按照应有的方式，我们将和前面一样仔细考察这些感情，以便通过这样的考察认识哪些我们应该选取、哪些必须抛弃。但是在这之前，首先我们将简略谈一谈什么是在人说的善和恶。

§**5**　上面我们说过，一切东西都是必然如此，在自然中既没有善，也没有恶。正因为这样，凡是我们愿望于人的一切，都是就他的类而说的，后者不是别的，只是一个理性的东西。因此，当我们在我们的悟性里设想了一个最完满的人的观念时，就有可能（在我们研究我们自己的时候）使我们注意，是不是在我们以内有某种手段能使我们达到这样一种完满。

§**6**　并且，正因为这样，凡是有助于使我们接近这种完满的，我们将称之为善，相反，凡是阻碍、或者不能使我们接近这种完满

---

* 至于真实信仰的第四个后果，这就是它告诉我们什么是真理以及什么是伪误。

的，我们将称之为恶。

§**7**　因此，如果我想要说到人的善恶，我说，我就必须设想一个最完满的人；这是因为我如果去讨论亚当这样的人的善恶之类，我就混同了一个真实的东西和一个理性的东西，而这是一个真正的哲学家所必须注意防范的，其理由我们在下文或是在其他场合将予以详细说明。

§**8**　又，因为亚当的目的、或不论那一个特殊的被创造的东西的目的，只有通过事物的结果才能为我们所知，由此[②]，凡是在人的目的方面我们所能说的一切，同样是根据于一个在我们的悟性中的、最完满的人的概念；关于这样一个人的目的，因为所涉及的是一个理性的东西，因此是我们完全可知的；同样，上面说过，他的善、恶也是如此，因为这些只是一些思想的方式。

§**9**　现在，为了逐步进入本题，上面我们已经指出，如何由表象产生心灵的运动、影响和种种后果，并且又把表象分作四类：单纯的听闻、经验、信仰和清楚的认识。现在在我们看了所有这四类表象的后果以后，清楚可知，第四种，也就是清楚的认识是四者中最完善的；因为意见常陷我们于错误。真实信仰之所以可贵，只因为它是一条引向真实认识的道路，鼓励我们去接近那些真正值得我们爱恋的东西；因此我们所追求的最后目的，我们所认知的最可贵的东西，是那清楚的认识。

§**10**　但是，这清楚的认识也因呈现于它的对象不同而互有不同，那个和它结合在一起的对象愈完善，这种认识也愈完善。因此这样一个人，他和上帝（那至高无上地完善的东西）结合为一并从而享有它，是最完善的人。

§ **11**　现在，要知道这些感情有些什么好、坏，我们将如上面所说，每一个提出作分别的讨论，首先我们从惊讶说起。这一感情，因为它出于无知或出于偏见，我们说，是一种在一个不能摆脱这种心灵骚动的人里面的不完满。我之所以说惊讶是一种不完满，这是因为惊讶本身并不导致什么坏的东西。

注　释

①　"……第四个例子……"。

A 稿作："第三个例子"；B 稿作了改正。

②　"……由此……"。

Gebhardt 注："由此"一词为 A 稿所无，是 B 稿按上下文的意义增补的。

第五章 论爱恋

§**1** 爱恋无非就是欣赏一件东西，与它联合而为一，我们将根据爱恋的对象来划分爱恋；对象，就是人们力求欣赏并与它联合的东西。

有些对象本身就是暂时性的，另一些对象则由于其原因而不是暂时性的。还有一个第三种的对象，凭着它的权力和势力，是永恒的、不朽的。

暂时性的对象都是特殊性的东西，它们并不在所有的时候都存在，或者[①]有过一个开始。

另外一些对象都是那样的式态[②]，那些式态我们曾经指出过是特殊式态的原因。

第三种则是上帝，或者真理，我们把它看成唯一的和同一的。

§**2** 因此爱恋来自我们对于一件东西的观念和认识；那件东西显现得越伟大、越荣耀，我们的爱恋就相应地越伟大。

有两条途径可以使我们解脱爱恋：一条是对某种东西取得更好的认识，另一条是发现爱恋的对象虽然被我们认为是某种伟大、荣耀的东西，却接着带来更大的苦恼和灾难。

爱恋还有一个特点，就是我们从来没想到让自己摆脱它（有如摆脱惊讶和其他激情）；这是由于下列两种原因：(1) 因为那是不可能的，(2)因为我们必然不会从这种情况下解脱出来。

其所以不可能，是因为这不取决于我们，只取决于我们在对象里鉴别出的好和有用；其所以必然，是因为这两种性质决不会为我们所知，如果我们不肯或不会爱恋它的话；这不是一件由我们自由选择或者取决于我们的事情，因为如果我们什么都不知道，那就肯定是我们也会什么都不是。

其所以我们必然不会摆脱它，是因为我们由于本性虚弱，如果不欣赏某种东西，与那种东西联合，从而获取力量，是无法存在的。

§**3**　现在我们应该选择或者抛弃这三种对象里的哪一种呢？

至于那些暂时性的东西（因为像上面指出的那样，我们由于本性虚弱，必然要爱恋某种东西，与这种东西联合，才能存在），肯定是这样：我们的本性不能通过爱恋和联合这些东西③而得到加强，因为它们本身就虚弱，一个残废人是背不动别人的。它们不仅不能把我们向前推一把，甚至对我们有害。因为我们说过，爱恋就是我们用悟性判定某个对象是好的、有用的，就与它联合起来；我们说的这种情况，就是指爱恋者④和所爱对象合而为一，或者一同构成一个整体。因此，和暂时性的东西结合的人一定要倒霉。因为，既然这些东西并不是他的权力所能达到的，要受到许多偶然性因素的摆布，这些因素起作用时，他就不可能不受它们的影响。所以我们得出结论说：爱恋那些貌似真实的暂时性对象的人是要倒大霉的，所以爱恋名誉、财富和快乐的人一定会非常倒霉，这些东西是没有任何实在性的！

§**4**　这就足以告诉我们，理性如何教导我们避开那些稍纵即逝的东西。因为我们刚才说的明白告诉我们，在对这些东西的爱恋当中隐藏着毒和害。但是对这一点我们还可以无比清楚地看清，如果我们看到，我们欣赏这种东西，就会丧失掉那种荣耀的、杰出的善。

我们在前面说，那些暂时性的东西是我们的权力所不能及的。但是这话要正确理解；我们的意思并不是说：我们是一个不依赖任何别的东西的自由原因。我们说有些东西在我们的权力范围内，另一些东西在它以外，意思只是说：我们是自然的一部分，那些在我们权力范围内的，就是我们通过自然的律令、并且与自然一道能够办到的；至于那些不在我们权力范围内的，就是在我们以外、不能由于我们发生任何改变的，因为它远离我们在实在本质，是自然使它们成为这样的。

§**5**　我们再进一步来到第二类对象上，这类对象虽然是永恒的、不朽的，其所以如此却并不是由于它们自己的力量。⑤然而，只要在这里进行一点简短的钻研，我们就立刻弄明白这些对象无非只是单纯的式态，是直接依赖上帝的。由于这些对象本性如此，除非我们同时有一个上帝概念，否则我们就不能思议它们。既然上帝是完善的，我们的爱恋就必然要落在它上面。简言之，我们如果正确地运用自己的理性，就不可能不爱恋上帝。

§**6**　为什么如此，道理很明白。第一，因为我们发现，只有上帝才有本质，其他的东西都不是本质，只是式态。既然是，各种式态，如果没有它们直接依赖的本体，我们就不能认识它们；而且像我们前面已经指出的那样，如果是，在爱恋的时候，我们终于认识一件东西，比我们那时爱恋的东西更好，我们总是立刻选择它而放弃前者；那么就毫无疑义地得出：如果我们终于认识到那本身具有全部完善性的上帝，我们就必然要爱恋它。

第二，如果我们正确地运用我们的悟性来获取对于东西的认识，我们就必须在它们的原因当中去认识它们。现在，既然上帝是一切其他东西的第一原因，那么，根据事物的本性，对上帝的认识现在是、也永远是先于对一切其他东西的认识的，因为对一切其他东西的认识必须跟随对第一原因的认识。真正的爱恋永远是由于认识到那件东西是荣耀的、好的。那么，结论就无非是：爱恋不能以更多的热情浪费在任何一件东西上，只能放在我主上帝身上。难道不是这样吗？要知道只有他才是荣耀的，是一种完满的善。

现在我们看到，我们怎样才能使爱恋强大，爱恋怎样必须仅仅放在上帝身上。

我们在爱恋方面还该说的，我们在考察最后一类认识的时候将牢记着说它。我们将钻研以下的东西，正如我们前面应允的那样，研究我们应该容纳哪些激情，应该拒绝哪些激情。

注　释

① “或者”，B稿作“而是”

② “式态”，B稿作“一般的式态”。

③ “东西”，B稿作“是暂时性的东西”。

④ “爱恋者”，A稿和B稿俱作“爱恋”，显系笔误。

⑤ “并不是由于它们自己的力量”。B稿在这以后接作“而是一些直接依赖上帝的式态”，而略去下面的一句。

第六章　论憎恨

§1　憎恨是一种摆脱一个曾予我们以损害的东西的倾向。

现在我们看，如何我们的行为可以有两种方式，也就是或者带着感情，或者不带感情。带着感情，我们可以在一个主人对犯错误的仆人的态度中看到，一般都是带有盛怒；不带感情就像历史上所说的苏格拉底，苏格拉底如果因为纠正一个仆人而不得不谴责他，总要等到不觉得对这个仆人再有怒意的时候才去谴责他。

§2　这样我们看到，我们既可以带有、也可以不带有感情做一件事，因此很清楚，我们认为，我们也可以不带心灵的骚动，如果必要，摆脱一个阻碍或给予我们以阻碍的东西。这样就要问：哪一种情形更好？是我们带着憎恨和嫌恶而躲避那些东西，还是我们依靠理性，学会不带骚动地忍受这些东西（因为我们认为这是可能的）？首先很清楚，如果我们不带感情做我们应当做的事，决不会因此产生任何不利。而因为在好、坏之间没有任何中间的东西，因此我们看到，带有感情做一件事既是坏的，不带感情做一件事就是好的。

§3　但是，我们来考察一下，带着憎恨和嫌恶去做一件事有些什么不好。

由意见而产生的憎恨，毫无疑问这是绝不应该为我们具有的。因为我们知道同一个东西某一时刻对我们是好的，在另一个时刻对我们却是坏的。例如关于各种药草的事就是大家熟知的情形。

因此重要的是要知道，是否仅仅由于意见，或者也可以由于真实的推理，在我们之中产生憎恨。但是为了考察这一点，我们认为最好先清楚说明什么是憎恨，并把它和嫌恶区别开来。

§**4**　憎恨，我们说，是心灵的一种反对某一个人的骚动，这个人有意识地、自动地给我们以某种损害。

而嫌恶则是在我们内部由于某种损害或不利对某一个东西引起的骚动，这种损害或不利，我们认识到或者假定为是由于这个东西的本性而在这个东西之中的。我说：由于本性，如果我们不是有这样的意见，即使我们曾由于它而受到某种损害或不利，我们也不因此就认为它是可嫌恶的，因为同样我们也可以盼望由它得到某种利益。因此一个人如果因为一块石头或一把小刀而受了伤，并不因此就对它嫌恶。

§**5**　这一点既经说明，我们就简略地看一看这两种感情的后果。

由憎恨产生悲戚，如果憎恨很大，就产生愤怒。愤怒就不仅像憎恨那样，想用躲避去摆脱被憎恨的东西，而是，如果后者弱小，趋于消灭那个东西。由这种巨大的憎恨，也产生妒忌。但是由嫌恶则产生某一种悲戚，因为我们力求使自己缺少一个东西，而后者，既是一个真实的东西，就同样具有它的本质和它的完善。

§**6**　由以上所说，我们很容易看到，如果我们正确运用我们的理性，我们就不可能憎恨或嫌恶任何一个东西，因为这样做我们就使自己丧失了每一个东西里都存在的完善。同样由理性我们认识到，我们永远不可能憎恨任何一个人；因为凡是在自然里的一切，如果我们对它有所期待的话，我们就应该使它变成某种不论对于我们自己或对于那个东西本身来说更好的东西。

§**7**　因为一个完善的人是我们至今所认识的，或者说，眼前能看到的一切东西中最完美的东西，因此对于我们和对于每一个个人最有益的事莫过于永远努力去引导人们走向这个完善；因为只有在那时候，人人才能从我们，我们才能从人人取得最大可能的利益。要做到这一点，方法就在于我们要像我们的良知所教导、所告诫我们的那样去看待人们，因为良知是决不会使我们陷于灭亡，而是永远进我们于福祉的。

§**8**　因此，我们得出结论说，憎恨和嫌恶具有多少不完善，就像反过来爱恋具有多少完善一样；因为从后者永远产生改善、力量和昌盛，这些都是完善，相反地，憎恨却永远趋于破坏、削弱和消亡，这些都是不完善本身。

第七章　论欢乐与悲戚

§1　既已看到什么是憎恨和惊讶，并且我们可以确定，这些感情在一个正确运用他的悟性的人绝不会发生，下面我们将同样继续讨论其他各种感情；我们先从欲望和欢乐说起；关于这两者，因为他们产生于那些产生爱恋的同一的原因，所以除了回想我们前面所已经说过的以外，不需要再说什么；为此我们暂时不谈它们。

§2　和欲望与欢乐相关，我们要谈的是悲戚；关于悲戚，我们可以说，它是来自意见、来自意见所引起的错误的；因为悲戚的原因是失落了某种良好的东西。

上面说过，凡是我们所做的一切，必须有助于我们的改善和进步。但是如果我们不断痛苦，我们就使我们自己失去了力量这样做。这就是为什么我们必须摆脱悲戚的原因，而摆脱的方法就在于或者想着如何恢复那个失落的东西，如果这是在我们的能力之内的话，或者，如果不在我们的能力之内，想着如何必须从悲戚中解脱出来，以免坠入悲戚必然造成的一切不幸。然而不论前者或后者，我们都必须带着欢乐去做；因为如果想用恶意去恢复和补偿一个良善的东西，这是一种愚蠢。

§3　最后，一个人如果正确运用悟性，必然应该认识上帝，因为我们上面已经证明，上帝是至上的、全体的善。由此无可争辩地得出，一个正确运用他的悟性的人不可能陷入任何悲戚。试问如何能不是这样？他安息在一个良好的东西之中，这个东西是全体的善，在它之中充满欢乐和满足。

因此，如上所说，由意见或者非认识才产生悲戚。

第八章　论推崇与轻蔑

§ **1**　下面我们继续讨论推崇与轻蔑，自尊与谦虚，骄傲与自卑。为了详细辨明这些感情的好坏，我们按次序分别说明这些感情如下。

§ **2**　因此，推崇与轻蔑是就一个巨大或微小的东西而说；当我们认为一个东西是这样〔我们就具有这两种感情〕，而这巨大或微小的东西可以在我们之内，也可以在我们之外。

§ **3**　自尊的对象不在我们自身之外。所谓自尊，我们应该理解为只是指一个人既不带感情也并不有意地推崇自己，而是按照它们真实的价值去认识他自己的完善。

§ **4**　一个人，并非有意轻蔑自己而是认识他自己的不完善，谓之谦虚；谦虚并不是在谦虚的人之外有一个对象。

§ **5**　一个人自以为具有一种别人在他身上找不到的完善，这就叫骄傲。

§ **6**　一个人自以为具有一种并不属于他的不完善，这就叫自卑。这里我不是说伪君子，后者为了欺世贬抑自己，并不相信〔自己所说的话〕，而是指那些相信他心目中的不完善的确在他身上存在的人。

§ **7**　经过这样说明，就已经清楚地表现出每一个这些感情的好、坏。关于自尊和谦虚，它们自身就可以说明它们的优越性。因为，我们说过，一个具有这两种感情的人，是按照它们的真实价值认识他自己的完善和不完善。而这一点，理性告诉我们，最有利于达成我们的完善。因为如果我们切实地认识我们的力量和我们的完善，我们就可以由此清楚地看到应该怎样做来达到那个有益于我们的目的；另一方面，如果我们认识了我们的缺点和不足，我们就知道我们应该避免什么。

§ **8**　关于骄傲与自卑，它们的定义就清楚地说明它们毫无疑问是由意见产生的；因为，我们说过，前者存在于一个人，这个人自命其有一种不属于他的完善，自卑的情形恰恰与此相反。

§ **9**　由以上所说可以清楚地知道，自尊与真正的谦虚是好而有益的，就像骄傲与自卑是坏而有害的一样。前者不但使具有这两种感情的人心情舒畅，并且它们是一些阶梯，由这些阶梯我们一步步上升到我们的最高的福祉；而骄傲与自卑则不但阻碍我们达到完善，并且一直把我们引到毁灭。正是自卑，它阻碍我们去做为了完善应该做的事；就像我们所见的怀疑论者那样，怀疑论者由于否认人能获得真理，就使自己自绝于一切真理。正是骄傲，它使我们追求某些东西，这些东西一直把我们引到毁灭，就像我们见到的某些人那样，这些人过去想象、现在也还是想象上帝对他们有某种奇迹式的恩宠，正因为这样，他们不避险阻，甘冒不韪，水火不辞，终于自取灭亡。

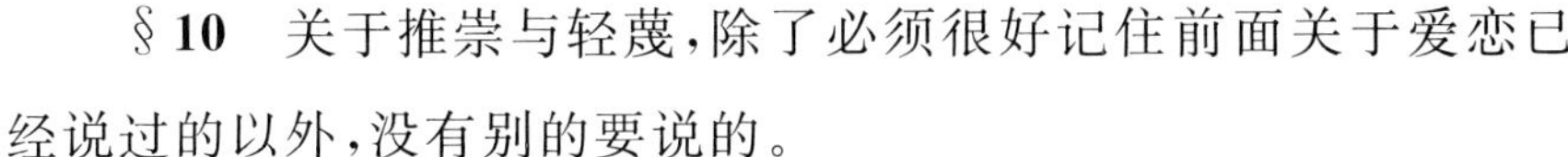

§ **10**　关于推崇与轻蔑，除了必须很好记住前面关于爱恋已经说过的以外，没有别的要说的。

第九章　论希望与恐惧

§1　现在我们开始谈到希望、恐惧；安妥、绝望、犹豫；勇敢、冒险、好胜；以及懦怯、恐怖。我们仍是按着我们的习惯一个一个分别说明，并且指出其中哪些对于我们是阻碍，哪些可以帮助我们。

所有这些我们都不难做到，只要我们注意到，我们对于一个将发生的东西，不论好或坏，通常具有一些什么观念。

§2　关于那个东西本身，我们具有的观念是：

1. 或者是，我们把它看成偶然的，也就是说，它可能发生，但也可能不发生；

2. 或者是，它必然要发生。

以上是关于东西本身。

至于具有这个东西的观念的人，我们可以设想他或者做某一件事去促成这个东西的发生，或者做某一件事去阻碍它的发生。

§3　从这些观念，按下面的方式，就产生出所有这些感情：

如果那个将发生的东西我们认为它是好的，并且认为它可能发生，我们的心灵就采取一种样式，这种样式我们称之为希望，这希望不是别的，只是一种欢乐，但是混杂着某种悲戚。

相反，如果我们认为那个可能发生的东西是坏的，那时候透入我们心灵的就是另一种样式，这种样式我们称之为恐惧。

但是那个东西如果我们把它看成是好的，并且认为它必然要发生，在我们心灵里从这个观念就产生这样一种恬静，我们称之为安心，这种安心并不像希望那样杂有悲戚。

但是，如果我们认为那东西是坏的而又必然要发生，这样就在心灵里产生一种东西，它叫做绝望，后者不是别的，只是一种悲戚。

§**4**　以上既已谈到这一章所包括的各种感情，从正面加以定义并从而说明它们每一个是什么；同样，反过来我们也可以从反面定义它们：我们希望那坏的东西将不发生；我们恐惧那好的东西会不发生；我们因那坏的东西不会发生而感到安心；我们为那好的东西竟不来临而感到绝望。

§**5**　以上谈到种种和东西本身有关的观念所产生的各种感情，现在再来谈和思维这个东西的人有关的种种观念所产生的各种感情。

我们必须做某一件事以促成一个东西的发生、但是不能决定去做时，心灵就采取一种样式，我们谓之犹豫。

但是，如果心灵有力地决定做一件事，而这件事是可能做成的，我们谓之勇敢。

如果那件事很难做成，则我们谓之倔强或冒险。

但是，如果一个人决定去做一件事，唯恐另一个人在他之先做，并且做成了一件事，这我们称之为好胜。

如果一个人知道他必须怎样作出决定以促成一个好的或阻止一个坏的东西的发生，但是他没有这样做，这就是我们所谓的懦怯，懦怯到极点，就谓之恐怖。

最后，妒忌是一个人的小心翼翼，要求能保持并独享他的所得。

§ **6**　现在，既已知道这些感情从何产生，我们就很容易说明它们哪些是好的，哪些是坏的。

关于希望、恐惧、安心、绝望、妒忌，可以肯定它们出于一种坏的意见；因为前面已证明，一切事物都有它的必然的原因，从而必然要像它们所发生的那样发生。而安心和绝望，尽管看来似乎也是事物不可抗的秩序和连锁中的一环，但是如果认真考虑，可以看到情形完全不然；一个人绝不会有安心和绝望，如果不是先有希望和恐惧的话（正是由于后者，前者才会产生）；例如，如果一个人认为他期待中的一个东西好，他的心灵就采取一种我们称之为希望的样式；而当他确有把握可以取得这个被假定的利益时，他的心灵就具有这样一种我们称之为安心的恬静。关于绝望的情形也是这样。但是，按照我们关于爱恋所说的，这些感情在一个完善的人绝不可能发生，因为它们假设一些东西，这些东西，由于它们的性质是可变化的，因此（如我们在爱恋的定义中已经指明的）我们既不应该对它们有所喜好，也不应该（如我们在憎恨的定义中指出的）对它们有所嫌恶；但是一个具有这些感情的人正是不能摆脱这种喜好和这种嫌恶的。

§ **7**　关于犹豫、懦怯、恐怖，由它们的性质，或者说，由它们的存在的方式就可以知道它们的不完善；因为它们可以有利于我们的一切都不是出于它们的性质，而只是出于反面的效益；因为如果一个人希望一个他以为好而其实不好的东西，但是由于犹豫，或是由于懦怯，缺乏必要的勇敢去做成它，这个人只是反面地，或者说只是由于偶然才幸免于这个他误以为利益的灾难。由此可知，这

些感情在一个受真实的理性指导的人同样决不会存在。

§**8**　关于勇敢、倔强和好胜，除了有关爱恋和憎恨我们已经说过的以外，不需要其他说明。

第十章　论悔恨与懊恼

§1　现在我们只是简略地谈一谈悔恨与懊恼。这两种感情总是产生于意料之外的；因为悔恨唯一起源于我们做了一件事，这件事我们疑惑究竟是好是坏；而懊恼则是由于我们做了一件事，而这件事却是一件坏事。

§2　由于有很多人，他们努力运用他们的悟性却不免有时陷入错误（因为那时候他们还缺乏永远正确运用悟性所需要的那种熟练），我们也许会想这悔恨和懊恼可以更快地把他们挽回到正路上来，并因此认为（一切人都这样认为）这些感情是好的。但是如果我们正确地去理解，就可以看到它们是有害的并从而是坏的。因为很明显，理性和对于真理的爱把我们引上正路，永远胜过悔恨和懊恼。后两者之所以有害和坏，是因为它们是一种悲戚，而悲戚，我们前面已经证明，是一种有害的情绪，因此是我们应该力予避免的；因此，同样我们也应该力求避免悔恨和懊恼。

第十一章　论嘲笑与戏弄

§**1**　嘲笑和戏弄都依据于错误的意见，并且表明嘲笑与戏弄者的不完善。

它们依据于错误的意见，因为人们想象那个被嘲笑的人自己是他的行为的第一因，而不是这些行为（和自然里存在的一切事物一样）是必然依赖上帝的。它们表现了嘲笑者的不完善，因为那被嘲笑的对象或者值得嘲笑，或者不值得嘲笑；如果它不值得嘲笑，嘲笑者就表现为一个性格很不好的人，因为他嘲笑一个不该嘲笑的东西；如果它值得嘲笑，这说明嘲笑者认识他所嘲笑的对象里的某种不完善；但是对于这种不完善他该用好言规劝，而不应该用嘲笑去纠正它。

§**2**　至于说到笑，它没有任何外在的对象，而只是关系到那个人自己，他在他自身内觉察到某种好东西；又因为它是欢乐的一种，因此凡是关于它要谈的都在前面关于欢乐的地方谈过了。但是，我这里说的是以一个激发笑的观念为原因、而不是由动物精神的运动所激起的笑。后者根本不在我们的讨论之内，因为它和好、坏完全无关。

§**3**　关于妒忌、愤怒和不满，除了回忆我们关于憎恨所已经说过的以外，没有其他需要再谈的。

第十二章　论荣耀、耻辱与无耻

§1　现在我们简略谈一谈荣耀、耻辱和无耻。

荣耀是一个人在他内心感到的一种欢乐，因为他看到他的行为受到别人推崇赞许，而这个别人并不是想以此有所获益。

耻辱是在一个人内心产生的一种悲戚，因为他看到他的行为受到别人轻蔑，而这个别人并非起意于曾经受过、或怕要受到什么损害和不利。

无耻则只是一种不知耻，或者一种对耻辱的漠视，而推其原因并非出于理性，而是出于一种对耻辱的无知，如儿童、野蛮人等等，或者出于一个人为人极端不齿，这不齿反而使他傲视一切无所顾忌。

§2　在认识这些感情的同时，我们也可以见到这些感情的无谓和不完善。因为荣耀和耻辱，按我们在上面的定义中所见，不但没有任何有益的成分，并且，因为它们根据于个人主义和这样的一种意见，即：人是他自己行为的第一因并从而值得责备和赞许，因此它们是一些有害而需要摒弃的感情。

§3　但是我的意思也并非说，一个人生活于人群里就该像生活在异乡外国一样，在那里既无所谓荣耀也无所谓耻辱；相反，我承认，我们发动人们为人类服务、使人类得以改善的时候，不但不能随便利用他们，而且可以限制我们自己（从别的观点看是完全合理的)的自由。例如一个人如果服饰华丽仅仅是为了取得别人的重视,他是追求一种纯粹出乎利己而于人丝毫无益的荣耀。但是一个人如果看到只因为他披了一件破大褂就受人轻蔑,他那本来可以大有益于邻人的智慧也受到践踏,那他要是真有意于对邻人有益,又何妨置备一件稍为体面的外套,以便先把自己放到和他邻人等同的地位上去,然后再来说服这位邻人。

至于无耻,它表现了这样一种面目,只要从它的定义就可以见到它的丑恶,而这也就足够可以说明了。

第十三章　论好感、感激与负义

§1　现在谈好感、感激和负义。

关于前两者，它们是一种心灵的倾向，愿望邻人得到某种利益、或要求给予邻人以某种利益。我们说“愿望”，是指某个人作了某件好事而得到某种好处作为回报时出现的情况；我们说“要求给予”，是指我们自身曾获得或接受某种好处时出现的情况。

§2　我知道，按绝大多数人的看法，这些感情都是好的；但是我可以说，它们在一个完善的人那里绝不会发生。因为一个完善的人是出于唯一的必然性，并没有任何其他原因，就去帮助别人，他并且因此觉得自己甚至有责任去帮助那些最目无上帝的人，因为他看到这些人才最需要帮助、最为不幸。

§3　负义是对于感激的漠视，就像无耻是对于耻辱的漠视，而其原因则并非与理性有丝毫关系；它只是或者出于贪婪，或者出于极度的个人主义。这就是为什么它绝不可能在一个完善的人身上存在的原因。

第十四章　论惋惜

§ **1**　惋惜是我们在有关各种感情的讨论中要谈到的最后一个，谈完这个感情我们就结束这一部分讨论。惋惜因此是一种悲戚，产生于我们想到一个已经失去并且没有希望恢复的利益。惋惜之为不完善，对我们是这样清楚，以致只要我们一预见它，就会说它是坏的。因为，前面我们已经说明，喜好并和这样一些东西结合为一是坏的，这些东西很容易不为我们所有，或到某一时刻就会不为我们所有，并且我们不能愿意具有它们就能够具有它们；而既然惋惜是一种悲戚，前面讨论悲戚时已经指出，我们必须避免这种感情。

§ **2**　这样，我相信我已经充分说明并证明只有正确的信仰，或者说理性，才能使我们得到对善、恶的认识。因此，当我们在下面证明一切感情的第一个、首要的原因是认识时，我们就可以清楚地看到，如果我们能善于运用我们的悟性和我们的理性，我们就永不会陷入任何应该鄙弃的感情。我之所以说“我们的悟性”，是因为我认为单靠理性并不能使我们免除一切感情，这一点我们在下面谈到这个问题时将予以说明。

§ **3**　但是，此外关于感情还有一点很可喜的情形值得我们注意，这就是我们看到一切好的感情都具有这样一种特性，即：我们不能没有它而存在和持续存在，因此，它们是本质地为我们所固有的，如爱恋、欲望以及一切与爱恋有关的感情。

反之，一切坏的、应予鄙弃的感情则完全不同，因为不但我们没有它们能够存在得很好，并且只有解除了它们，我们才能是我们本来应该是的那样。

§**4**　为了更加清楚地说明，我们还再指出一点，就是一切善、恶的基础都是我们对某一个东西的爱恋；因为如果我们不是去爱恋这样一个上面说过唯一值得我们爱恋的东西，也就是说上帝，而是去爱恋那些由于它们的特性或者说由于它们的性质就是会消亡的东西，那么（那东西既然处于这么多的偶然影响之下，甚至可能消亡），如果那被爱恋的对象一旦发生变化，必然就要产生憎恨、悲戚等等。憎恨，就发生于一个人抢夺了另一个人之所爱的时候；悲戚，就发生在他失落了这个东西；荣耀，如果一个人以个人主义为生活的基础；好感、感激就发生在一个人爱他的邻人并非出于对上帝的爱恋时。反之，如果人能够知道爱恋上帝，而上帝是、并且永远是不变的，那么他就不可能坠入这种感情的泥坑。正因为这样，我们提出下述观念作为一条不易的、不可动摇的规律：上帝是我们一切福祉的第一个、唯一的原因，并且是拯救我们于一切罪恶的救星。

§**5**　最后需要指出，只有爱恋等等才是不受限制的，也就是说，它愈增长也就愈优越，因为它的对象是这样一个对象，这个对象是无限的，正因为如此，所以它能够永远不断地增长；而这除了在这样一个东西里以外，在其他任何东西里都是不可能的。而且我们也许正是以此为基础，得出心灵不朽的证明，同时说明这不朽是怎样以及什么性质的不朽。

以上既已讲完了真实信仰的第三个效果所告诫我们的一切，现在我们将继续讨论并谈到前面(第四 章)不曾提到的它的第四个、也是最后一个效果。

第十五章　论真实与谬误

§1　现在我们看什么是真实信仰的第四、也是最后一个效果使我们认识的真实和谬误。

为此，我们首先提出真实和谬误的定义。

真实是关于某一东西的肯定或否定，它符合于这个东西本身。

谬误是关于某一东西的肯定或否定，它不符合于这个东西本身。

§2　如果是这样，似乎在真实和谬误观念之间就没有任何区别，只是一个符合而另一个不符合于那个东西，这样，真实观念和谬误观念，不论肯定或否定，作为一些思想的单纯*式态，似乎就只有一种理性的区别，而没有任何真实的区别。如果这样，人们有理由问：一个人具有真理有什么好处，另一个人陷于谬误又有什么坏处？或者更可以问：前者何以知道他的概念一定比后者更符合于那个东西？以及最后，何以一个人会错误，而另一个不会呢？

§3　这里，首先可以这样答复：那些比一切东西都清楚的不但使我们清楚认识它们自己，并且使我们清楚认识谬误，如果我们问：如何我们会意识这一点？这是极大的蠢举。因为既然它们比一切都更清楚，就不可能再有别的可以使它们更加清楚了。

---

* verus[真实]应是 merus[仅仅、单纯]的笔误。

由此可知，真理既自明，又显明谬误，但谬误决不会由它自身得以认识并证明它是谬误的。因此，一个人具有真理，就不可能怀疑他具有真理；反之，一个人陷于谬误或错误，却很可能想象他是在真理中；正像一个人做梦，可能以为自己醒着，但决不会一个人醒着，以为他在做梦。

由以上所说，也就在某一程度上说明了我们所说的，即：上帝就是真理或真理就是上帝本身。

§ **4**　至于为什么前者对于他的真理比后者具有更多的意识，这是因为〔在前者〕那肯定〔或否定〕的观念和那个东西的性质完全符合，并从而是更富于本质的。

为了很好理解这一点，需要指出：认识（尽管这个字可以有另一个声音）是一种纯粹的被动感受，也就是说，我们的心灵被加以这样的影响和改变，使它得到了不同的、它以前所没有的某些思想式态。如果一个人由于整个对象加给他的作用，在他内部得到一个样式或一个思想的式态，那么很清楚，这个人对于这一个对象的样式和性质就会具有一种和另一个人完全不同的感觉，后者并不具有这么多原因，只是受另一个较轻微的作用的推动来加以肯定或否定；因为他知觉那个对象，只是从少数或较少数的几个属性知觉到它。

§ **5**　由此我们可以看到，和一个不在真理中的人相比，一个在真理中的人如何完善；因为如果说一个很容易被影响和改变，那么另一个就不是这样容易，由此可知，一个比另一个在自身内部具有更大的稳定和更多的本质。并且，这些和东西相符合的思想的式态，因为它们具有更多的原因，就在它们内部具有更多的稳定和

本质,又因为它们和那个东西完全符合,因此不可能在任何时刻会受到不同的影响,或经受任何变化;特别是,我们在上面说过,事物的本质是不变的。而所有这些无一可以应用于谬误。以上,我们就充分答复了前面的问题。

第十六章 论意志

§ **1** 现在既已知道什么是善、恶、真理、谬误，又知道一个完善的人的心灵健康在于什么，我们可以进一步研究我们自己，看看我们是由于自由意志还是由于一种必然性而达到这种心灵健康。

为此，必须首先弄清那些认为有自由意志的人所说的意志究竟是什么，以及它和欲望的区别何在。

§ **2** 欲望，我们说过，是心灵对于某一个东西的倾向，心灵选出这个东西来认为是好的；因此在我们的欲望向外追求一个东西之前，必须在我们心中先有一个决定，宣告：这个东西是好的；这一肯定，或一般说，这一个肯定或否定的能力，一般就称为意志。*

§ **3** 现在问题在于知道，这一个肯定是产生于我们的自由意志还是产生于必然性，也就是说我们能不能不受任何外在原因的驱使而对一个东西作出某种肯定或否定。因为我们前面已经证明，一个不能由它自身来说明的、或者说它的存在不属于它的本质

---

* 因此意志，作为一个肯定或决定，与正确信仰的区别就在于它同样可以及于一个并不真好的东西；这是因为它的信念并不是这样，以致我们清楚看到那东西不可能是别样的；而正确信仰的情形则必然如此、并且也应该必然如此，因为从正确信仰只可能产生好的欲望。

它与意见的不同在于它有时候可以是确定的、无误的；而这是意见所没有的情形，意见之为意见在于揣测和认为大概如何如何。

因此就它可能是确定的来说，我们可以称之为信仰，就它不能脱除错误的可能来说，可以称之为意见。

的东西，必须具有一个外在的原因，并且，一个该产生什么东西的原因必然不能不产生这个东西，因此我们推出，特殊地意愿*这一

* 可以肯定，一个特殊个别的意愿必须具有一个外在的、它由之而存在的原因；因为，它的存在既不属于它的本质，它必须是由于另一个东西的存在而存在的。

有人说：特殊个别的意愿的效能之因不是观念，而是人本身的意志，而意志的作用则不能缺少悟性作为它的原因；因此意志，作为一个没有特定内容的东西，和悟性一样，并不是理性的、而是真实的东西。至于就我来说，当我认真考察这些东西时，它们在我看来都只是一些普遍的概念，从而是不能赋它们以任何真实性的。让我们假定情形是他们所说的那样；那就必须承认意愿是意志的一个式态，而各种观念则是悟性的式态；既然一个发生式态变化的东西不能是式态而是实体，由此必然得出，悟性和意志是两个不同的、有真实区别的实体。这样，如果说心灵统辖这两个实体，那就是又有第三个实体；所有这些只是使事物混乱到这样的地步，以致对它们不可能再得出任何清楚明确的观念。因为，既然观念不是在意志中，而是在悟性中的，由这一条不可逾越的规律：一个实体的式态不可能转入另一个实体，就不可能会在意志中产生任何爱恋；因为这是一个百喙不能解的矛盾：人如何能够意愿在他意愿的功能中没有丝毫观念的东西呢？

会不会有人说：意志，因为它和悟性结合在一起，因此它知觉到悟性所思维的东西，并从而爱恋它；我们反驳说：一个知觉，既然还是一个观念，就是一个悟性的式态，这个式态，按上文所说，无论如何不可能在意志里面，尽管存在着一种像心灵和躯体之间的结合那样的结合。因为即使我们承认心灵和躯体就像（那些）哲学家们通常所说的那样结合在一起，躯体仍然是没有感觉的，心灵也是没有广袤的。否则，一个由我们的思想把两个实体结合起来而造成的妄想竟能变成一个单一的东西了，这是谬论。而且，如果我们说心灵同时统辖悟性和意志，这不但是不可思议的，而且也矛盾，因为这样我们似乎也就否认心灵是自由的了。

为了结束这个讨论——因为我们无意去列举全部理由反驳这种有限的、被创造的实体论——我只是简略地说一下自由意志和那种不断创造论是根本不相容的；后者也就是说，在上帝中需要用怎样一个作用创造一个东西，就需要用这同一个作用去维持这个东西，否则它就一刻也不能存在；若果真如此，则我们不能说任何东西有任何自由。我们只能说，上帝创造它就是它那样；因为如果说它不能在一瞬息间维持它自己，它更不能由它自己产生任何东西。因此如果有人说心灵由它自己产生意愿，我们问：凭什么力量？不是凭前此存在过的，因为这已经不存在了；也不是凭它现在所有的，因为它绝对没有任何这样的力量可以维持或延续一个刹那，因为它是被不断创造的。既然任何东西都没有力量维持自己或产生任何东西，就不能有任何其他结论，而只能是：上帝唯一地是一切东西的作用因，并且，一切意愿决定于上帝。

个或那一个东西，对于某一个东西特殊地肯定或否定这或那一点来说，这一些作用，我说，必须出于某一个外在的原因，而按我们前面关于原因的定义，这一个原因也不能是自由的。

§ **4**　这一点可能使有些人不能同意，这些人习惯于把他们的聪明智慧用于理性的东西，而不是用于真实存在的自然里的特殊的、个别的东西，因此，他们不再把它们看成是理性的（东西）而似乎是一些真实的东西了。因为，人在这一时刻具有这一意愿，在那一时刻具有那一意愿，他就在他的心灵里造成一个普遍的意愿的式态，并称之为意志：就像他从这一个人的观念和那一个人的观念造成一个普遍的人的观念那样，而且，既不去充分注意理性的东西和真实的东西的区别，于是就产生他把那些理性的东西当成是（那些）在自然里真实地存在的东西了，并且把自己当成许多东西的原因，这在我们目前讨论的这个题目上正是屡见不鲜的情形。因为，如果我们问一个人：为什么他意愿这个或那个？那回答是：因为他有一个意志。但是因为意志像我们说过的那样，只是关于这一个意愿或那一个意愿的一个〔普遍的〕观念，因此只是一个思想的式态，一个理性的东西，而不是一个真实的东西，因此由它是不能产生任何东西的，因为由无只能产生无。因此我认为，我们既已说明意志并不是一个存在于自然里的东西，而只是一个虚构，因此我们没有必要问：它是自由的还是不自由的。

§ **5**　这一点我不〔只〕是就普遍的意志来说的，后者我们已经说明只是一个思想的式态，并且是就每一个特殊个别的意愿而说的，后者按某些人的说法正在于它能〔自由地〕肯定或否定这个或那个。这，如果一个人认真注意我们前面所说过的一切，就可以看

得很清楚。因为我们说过，认识是一种纯粹的被动感受，也就是说在心灵里关于事物的本质和存在的一个知觉；因此这并不是我们在一个东西上肯定或否定什么，而是那东西本身，它在我们心中对它自己肯定或否定某些东西。

§**6**　而这，有人也许不同意，因为在他们看来，似乎他们能够对一个东西作某种不同于他们意识中的肯定或否定。这是因为离开了语言，或者说在语言以外，他们就不能体会心灵对于一个东西的理解。不错（当有理由使我们不得不这样做时），我们也能用语言或其他手段对某一东西给人一个不同于我们意识中的概念；但是尽管如此，不论用语言或用任何其他手段，要使我们对一个东西的感觉到不同于我们所感觉的，这是我们做不到的事；其为不可能，凡在语言或其他表达手段之外曾有一次注意过什么是他们的纯粹的悟性的人，都是可以清楚知道的。

§**7**　但是有人也许会反对，说：如果不是我们肯定或否定，而是那东西在我们心中肯定或否定它自己，那么除了和它符合的东西以外不可能肯定或否定任何东西；并从而不可能有任何谬误；因为谬误，我们说过，正是对一个东西肯定或否定某些不符合于它的东西，也就是说不是那东西自己肯定或否定它自己。但是我认为只要认真注意以上我们关于真理和谬误是怎样谈的，就可以看到对这个问题已经作了充分的答复。因为，我们说过，对象是那被肯定或否定的——不论真实或谬误的——东西之因；而谬误只是在于，当我们知觉一个由对象而来的东西时（虽然我们知觉到的只是一小部分），我们是想象整个的对象肯定或否定我们所知觉的东西；这种情形特别常见于那些衰弱的心灵，这些心灵只要受到对象的一个轻微作用，很容易就立刻接受一个式态或一个观念，而除此以外在它们心里就没有其他的肯定或否定。

§**8**　最后，有人也许还可以反对说：有很多东西我们可以愿意或不愿意，例如，对一个东西作或不作某种肯定，对人说或不说真话，以及诸如此类的事。这是因为他们没有认真区别欲望和意志。因为，按照那些有意志论者，意志只是精神的这样一种作用，由这种作用，我们不问好、坏，对一个东西作出某种肯定或否定；反之，欲望则是这样一种方式，它在心灵里的目的，是着眼于我们在某一东西中所见的好、坏、去追求或达成这个东西。因此，在我们对一个东西作了某种肯定或否定以后，就在我们心灵里有了一个欲望，也就是说，当我们认可或肯定了一个东西是好的时——这，按他们的说法，就是意志——才开始有追求这个东西的倾向或欲望。因此，用他们的话说，意志可以没有欲望，但是欲望不能没有先行于它的意志而存在。

§**9**　以上所说的所有那些行为，因为它们之所以产生是由于有一个东西在我们看来好，它们之所以被克制是由于有一个东西在我们看来坏，只能用我们称为欲望的那些倾向予以解释，用意志这样一个名称则只能弄得越来越乱。

第十七章　论意志与欲望的区别

§1　因此，既然已经弄清楚我们并没有什么肯定或否定一个东西的〔自由〕意志，现在我们可以看一看意志和欲望究竟有些什么真正、实在的不同，或者说实在说来意志，拉丁文所谓 voluntas，究竟是什么。

§2　按照亚里士多德的定义，欲望似乎是一个类，它包含两个属：因为他说，意志是对于一个在我们看来好的东西的喜爱或贪求。按这个定义，我觉得，在他理解的所谓欲望（cupiditas），是指一切倾向，不问它们趋向于好或坏。反之，如果这个倾向只是趋向于一个好的东西，或者具有这一倾向的人对某一在他看来好的东西具有这一倾向，就称为 Voluntas（意志），或者说好的意志；如果它是坏的，也就是说如果我们看到别人对某一坏的东西产生一种倾向，这就称为 Voluptas（肉欲），或者说坏的意志。因此心灵的这个倾向并不是倾向于肯定或否定某一东西，而只是一种倾向于获得某一看来好、避免某一看来坏的东西的倾向。

§3　因此，现在的问题只在于知道这欲望是自由还是不自由的；但是上面既已说过，欲望取决于〔我们〕对东西〔所具有〕的观念，而要有一个观念，必须存在一个外在的原因；因此我们只需要说明欲望如何不是自由的。

§ **4**　虽然很多人都知道，人对于不同东西的认识可以使他的喜好或贪求从一个东西转移到另一个东西，但是很少人注意究竟是什么把他的贪求从一个东西这样吸引到另一个东西上去。

为了说明这种倾向并不是自由的，并且为了生动表现这个转移和被吸引的过程起见，我们假设一个婴儿，第一次知觉到一个东西；例如说我给他看一个小喇叭，后者在他耳边发出一个悦耳的声音，因此他具有了一个对这东西的欲望；现在我们看他能不能不具有这个欲望呢；如果说能，我问是由于什么原因？显然，不是因为他认识一个更好的东西，因为这是他认识的唯一的东西。也不是因为这个东西在他看来是坏的，因为他不认识任何其他东西，并且，他感觉到的这个东西的愉快是他所感觉过的最大的愉快。莫不是他有什么自由能驱除他自己的喜好？这就是说，喜好在我们心中产生固然是不自由的，但是我们有驱除它的自由；然而这自由是经不住证明的。因为如果这样，是什么东西能够消灭这个喜好呢？那喜好本身吗？当然不是，因为任何东西都不会由它自己的本性去寻觅它自身的灭亡。那么究竟是什么东西能够吸引这个婴儿脱离它的喜好呢？显然不是任何别的东西，只能是，按照自然的秩序和发展，他受了另一个东西的影响，这个东西比第一个东西更加使他喜欢。

§ **5**　因此，正像在讨论意志的时候，我们说明意志在一个人心里不是别的，只是某一种意愿，同样地，〔欲望〕在一个人心里也不是别的，而只是由某一个观念在他心里引起的某一个欲望；因为〔一般的〕[①] 所谓欲望并不是什么一个真实地存在于自然里的东西，而只是某一种特殊欲望的抽象；那真实地什么都不是的所谓欲

望，也就不可能是任何东西的原因。因此，如我们说：欲望是自由的，这等于说：某一种欲望是它自身的原因，也就是说，在它还没有存在之前，它已经使它自己存在；这是极其荒谬的，绝不可能。

注　释

① B稿所补。

第十八章　论以上各种论点的效用

§1　因此我们看到，一个人，作为整个自然的一部分，自然既为他所依赖又统治着他，他并不能由他自身而作任何努力以达成他的福祉和心灵健康。现在，我们且来看一看从我们所主张的这些论点能得出什么有益于我们的效果，特别是我们知道，对于很多人来说，这些论点是十分奇异可怪之论。

§2　首先由此得出，我们真实说来是上帝的仆人，甚至可说是上帝的奴隶，并且我们最大的完善就在于必然如此。因为如果我们居然只能一切依靠自己，而不是这样一切依靠于上帝，那就只有极少或根本没有任何我们可以做成的事，并且我们将有理由以这种无能为痛苦。但是现在我们看到的正好相反，也就是说：我们这样依靠于一个最完善的东西，以致我们成了那全体的一部分、也就是说那东西本身的一部分，并且以某种方式为了完成所有这一切依靠它的、由它英明地安排的完善作业而贡献出我们的一份。

§3　其次，这个认识还使我们做了一件什么好事而并不就此骄傲起来（想着自己已经是一个多么了不起的东西，并没有更多的需要，而这骄傲使我们停滞在我们所在的地方，从而和我们的完善恰恰背道而驰，我们的完善就在于永远使自己不断向前）；而是相反，我们把我们所做的一切归之于上帝，因为上帝是我们已经完成和尚在完成的一切东西的第一个、也是唯一的原因。

§**4**　第三，这个认识除了使我们产生对于邻人的真正的爱以外，还使我们永远不可能有任何憎恨，永远不会对我们的邻人有丝毫愠怒，而是相反，甘愿去帮助我们的邻人，使他的情况有所好转；所有这些都是具有伟大的完善或者伟大的本质的人的行为。

§**5**　第四，这个认识有利于社会，因为由此一个法官将无所偏爱，如果他不得不惩罚这一个而奖赏另一个人，其目的在前者和后者都是一样，无非在于帮助他改进。

§**6**　第五，这个认识使我们免于悲戚、绝望、妒忌、惊恐以及其他种种坏的感情，后者，我们以下将要谈到，本身就是那真正的地狱。

§**7**　第六，这个认识使我们不再惧怕上帝，就像有些人一想到魔鬼——他所想象的那个东西——会为厉于他，就立刻感到恐惧那样。因为，我们如何能够恐惧上帝，它本身就是那最高的福祉，并且，凡是具有一点本质的东西，莫不因为它而是它们之为它们，其中包括我们，同样也活在它之中。

§**8**　此外，这个认识使我们把一切归于上帝，唯独爱恋上帝，因为它是无上地荣耀、完善的，并且使我们把自己作为牺牲整个奉献给它；因为正是这样才是真正的对上帝的服役，并且是我们自身的福祉和康乐所在。因为一个奴隶和工具的唯一的完善和最终目的就在于如实地完成加给它的劳役。例如一个营造的木匠在工作中觉得他的一把斧子颇能得心应手，这把斧子就是达成了它的目的和完善；但是如果这个木匠想：这把斧子已经为我服务如此之久，如是之好，现在我要让它休息，以后不再用它，那么这把斧子就脱离了他的目的，将不成其为一把斧子了。

§**9**　同样地，人，只要他是自然的一部分，就必须遵循自然的法则，这是真正的对神的服役；并且只要他的行为是这样，他就维持了他的健康。但是，如果说与此相反，上帝竟希望人不再为它服役，这就百分之百等于说剥夺了他的健康并且加以毁灭，因为全部他之所以为他正在于为上帝服役。

第十九章　论我们的快乐

§1　上面既然已经看过了正确信仰的多种效益，现在我们就来实践我们前面的诺言；也就是说，讨论凭着我们对什么是善、什么是恶、什么是真理和谬误的认识，以及一般地说凭着对什么是所有这些的效益的认识，我说，是不是我们就能达到我们的幸福，也就是说达到对上帝的爱恋，后者，上面说过，是我们的最高福祉所在；并且讨论我们用什么方法能解脱那些我们认识到不好的感情。

§2　为了首先从后面这一点，即感情的解脱说起*，既然已经假定它们除了我们说过的那些原因以外没有其他原因，我说：只要我们能正确地运用我们的悟性，而这，既已具有一个真理和谬误的尺度，我们是很容易做到的**，我们就永远不会坠入这些感情

---

* 上面已经证明，所有这些和我们的正确理性相悖的感情都是导源于意见的，而凡是感情的一切好、坏，则都是由正确信仰为我们指明的。但是不论这两个式态合起来，或是每一个单独地，都不能使我们解脱这些感情。

只有第三个式态，也就是真实的认识，才能使我们解脱这些感情；没有这一认识，我们永远不可能解脱它们，如以下将要说明的。而别的人用不同的语言讲说、撰写了千言万语的，岂不也正是这一点？谁看不到，正是由于意见，我们才懂得罪恶，由于信仰，我们才知道那个向我们指明罪恶的法则，由于真实的认识，我们才了解那让我们脱离罪恶的神的恩泽。

** 即：如果我们具有一种对善和恶、真理和谬误的深刻认识；因为那样我们就不可能再受制于那个使这些感情得以产生的东西；事实上，如果我们认识并且享有了一个较好的东西，那较坏的对我们就失去了控制。

了。

§ **3**　至于它们并无其他原因，我们现在要加以证明。为此，我认为我们必须既从精神方面、也从躯体方面来整个地研究我们自己。

第一，我们要说明自然里存在着某一物体，我们由于这个物体的结构和作用而感受到种种影响，并在感受中知觉到这个物体。我们所以要指出这一点，是因为，如果我们认识了这个物体的作用以及这些作用所能产生的东西，我们就能找到所有这些感情的第一个、主要的原因，以及那个消灭这些感情的东西；由此我们也就可以知道依靠理性能不能达到这个目的。然后我们再谈到对于上帝的爱恋。

§ **4**　我们并不难证明自然里有一个物体；因为我们已经知道：上帝存在，以及它是什么；我们曾定义上帝为一个东西，它具有无限属性，其中每一个属性都是无限的、完善的；又考虑到广袤是一个属性，这个属性我们曾说明它是在自己那一类里无限的，因此它必然是那个无限的东西的一个属性；既然我们已经证明，这个无限的东西是真实〔存在〕的，由此可知，这个属性也是真实〔存在〕的。

§ **5**　其次，我们曾经说明，在自然之外——它是无限的——没有、而且也不可能有任何东西，因此可以清楚地知道，这一个物体的种种作用——由于这些作用，我们才得以知觉——只能来自广袤自身，而不能来自另一个（如有些人主张的）优越地具有广袤的东西；因为，如我们在以上第一章里所指出的，并没有这样的东西。[①]

§**6**　因此，需要指出，凡是我们看到必然依靠广袤的一切作用，都必须归之于广袤这一属性，例如运动和静止；因为如果那个产生这些作用的力量不存在于自然里，即使自然里存在很多其他属性，这些作用也绝不会存在；因为如果是某一个东西产生某一作用，那就必须在这一个东西里有某种东西，由于这种东西它才是这一个，并不是任何一个别的东西产生这一作用。我们关于广袤所说的，同样也适用于思想以及其他一切东西。②

§**7**　此外需要指出，在我们心中不可能有任何我们不可能意识到的东西；因此，如果我们除了思想的东西的各种作用以及广袤的各种作用以外，在我们心中看不到任何其他的东西，那就可以确有把握地说，除此以外，在我们心中没有其他东西。

这样，为了清楚地认识这两个〔属性〕的种种作用，我们先把它们每一个分别地看、然后再把两个合在一起看，同样，对它们每一个的作用也是如此看。

§**8**　这样，如果我们单独考察广袤，我们在它里面就只见到运动和静止，我们看到由于这两者而形成一切出自广袤的作用；并且这两个式态*在物体中的情形是，除了这两个式态本身以外，任何东西都不能使物体产生任何变动；例如一块石头如果躺着不动，是不可能被思想或一切其他的东西所推动的；它只能被运动所推动；例如说，另一块石头具有一个比它的静止更大的运动，就推动它运动。同样，一块在运动中的石头，除了由于一个具有较少运动的东西，也不能达于静止。由此得出，任何思想的式态不能在物体

* 两个式态，因为静止并不是一个纯粹的乌有。

中产生运动或静止。

§**9**　但是，依据我们在自身中所知觉到的，可以有一种情形：一个躯体原来具有朝某一方向的运动，转而朝向另一方向运动；例如我伸出我的胳膊，在这个行为中我就是那原因，使原来具有一个运动的元气*现在具有不是那一个、而是另一个朝向这一边的运动；但是，如以下将要谈到的，这种情形并非永远如此，而是取决于元气的情况如何。这种情形的原因是因为也只能是因为：心灵，作为躯体的观念，是和这个躯体结合在一起、并因此而和这一躯体形成一个整体的。

§**10**　至于另一个属性的种种作用，其中最重要的则是一个关于东西的观念；这个观念，按照各种东西如何为我们知觉的方式，产生爱恋、憎恨或其他等等。这个作用，因为其中不包含丝毫广袤，不能归之于后一属性，只能归之于思想，因此，凡是以这种方式而来的一切变化，其原因不应当求之于广袤，只能求之于思想的东西；例如以爱恋为例，就可以看到这种情形；因为，要消灭或激发这一感情，必须有那个观念本身在这里起原因的作用，而后者，如我们前面已经说明的，是由于我们对于对象中某种坏东西的认识、或是由于我们对于对象中某种更好的东西的认识。

§**11**　现在，如果这两个属性互相作用，其结果就是互相在对方产生一种感应；例如，可以支配那种能任意转变它的方向的运动。因此，两个属性互相在对方产生感应的作用，有下面这些：上面已经说过，心灵能够在躯体中使原来没有心灵影响时朝某一方

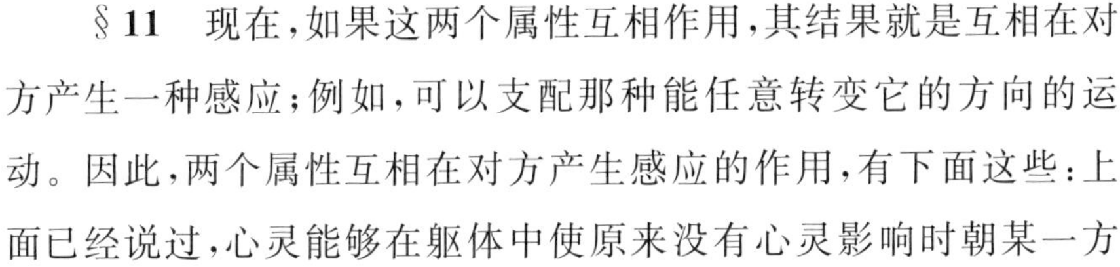

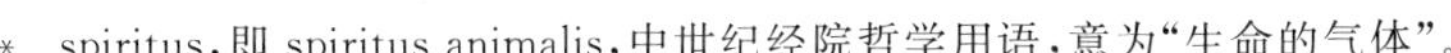

* spiritus，即 spiritus animalis，中世纪经院哲学用语，意为“生命的气体”。

向运动的元气，现在朝另一方向运动；但是由于元气又是被躯体所推动的，后者是它运动的原因，它可以在方向上受躯体的决定，因此就常有一种情形：从躯体承受一个朝某方向的运动，心灵又支配它向另一个方向，这些元气在我们内部产生并引起一种我们常常感觉得到、但是莫名其所以然的痛苦。因为，在其他情况下，这样一种状态的原由通常都可以为我们所知。

§ **12**　并且，心灵也可以受到阻碍，不能行使它推动元气的能力，这，或是因为元气的运动过于削弱，或是因为它过于加强。过于削弱的情形是：例如当我们奔跑过甚时，就使元气因为奔跑而转输给躯体多于平时的运动量，并且由于失却这么多的运动量，必然使元气以同一程度变弱；营养不足也能引起同样的情形。过于加强的情形是：例如当我们饮酒过量时，就变得醺然而醉，使心灵失却指挥躯体的能力。

§ **13**　以上是心灵在躯体中的作用，现在我们看躯体在心灵中的作用；其中，我们指出，最主要的是躯体使心灵知觉到它自身，并从而知觉到其他的物体；而这除了运动和静止以外没有其他原因；因为在躯体中再没有其他可以起作用的东西。

§ **14**　因此凡是心灵中发生的一切，多于这个知觉的东西，就都不是由躯体引起的。心灵由于这样而取得认识的第一个对象既是躯体，因此它就对躯体具有某种爱恋并和它联合在一起。但是，如我们已经证明的，爱恋、憎恨、悲戚的原因不应当求之于躯体，只能求之于心灵，因为凡是由物体来的一切作用应该仅仅出于运动和静止；而且我们清楚地看到，一个爱恋可以被我们对于另一个更好的东西的观念所消灭，由此可以清楚地知道，如果我们对于上帝能具有一个认识，至少，如果这是一个和我们对躯体的认识同样清楚的认识，我们就会和上帝联合起来，比和躯体联合得更密切，并且与后者脱离。我说更密切，是因为我在上面已经证明，没有上帝我们就既不能存在也不可被思议，并且因为我们认识上帝不是通过某种别的东西（如上帝以外的一切东西都是如此）而是通过它自身，并且如我们上面说过的，必须这样认识上帝。可以说我们认识上帝甚于认识我们自己，因为没有上帝我们根本不可能认识我们自己。

§ **15**　由以上直到这里所说的，我们很容易得出什么是感情的主要原因；因为就躯体和它的作用即运动和静止来说，它们在心灵里的作用只能在于使它们自己作为对象为我们所知；按它们呈现于心灵的或好或坏*，心灵受到它们的不同影响；但是躯体有这样的作用并不是由于它是一个躯体本身（因为否则它就成了感情的主要原因了），而是由于它是一个和其他一切东西一样的对象，后者如果以同一的方式呈现于心灵，也会同样地产生同一作用。

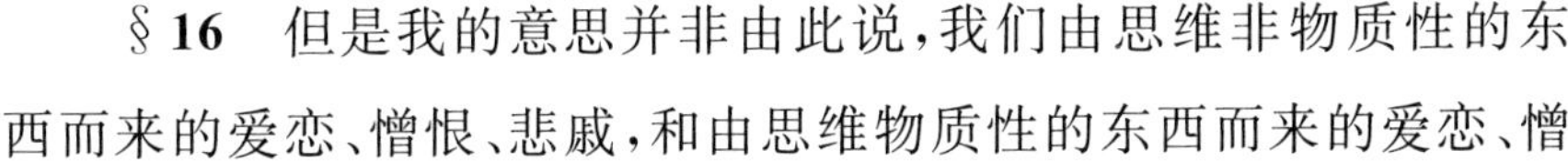

§ **16**　但是我的意思并非由此说，我们由思维非物质性的东西而来的爱恋、憎恨、悲戚，和由思维物质性的东西而来的爱恋、憎

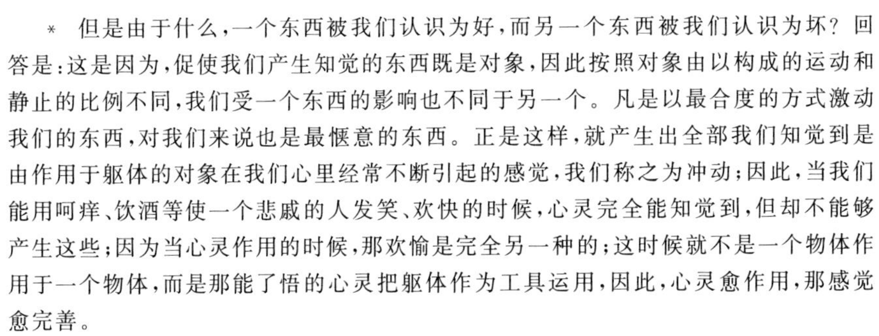

* 但是由于什么，一个东西被我们认识为好，而另一个东西被我们认识为坏？回答是：这是因为，促使我们产生知觉的东西既是对象，因此按照对象由以构成的运动和静止的比例不同，我们受一个东西的影响也不同于另一个。凡是以最合度的方式激动我们的东西，对我们来说也是最惬意的东西。正是这样，就产生出全部我们知觉到是由作用于躯体的对象在我们心里经常不断引起的感觉，我们称之为冲动；因此，当我们能用呵痒、饮酒等使一个悲戚的人发笑、欢快的时候，心灵完全能知觉到，但却不能够产生这些；因为当心灵作用的时候，那欢愉是完全另一种的；这时候就不是一个物体作用于一个物体，而是那能了悟的心灵把躯体作为工具运用，因此，心灵愈作用，那感觉愈完善。

恨、悲戚，都是产生同一的作用；因为，以下我们将要指出，前者更具有某些全然不同的作用，和那个由于对它的知觉而在思维非物质性东西的心灵中唤起爱恋、憎恨、悲戚等等的东西的性质相一致。

§ 17　再回到前面已经说过的，当某一个其他东西呈现于心灵，比躯体更加美好时，躯体就会没有能力再产生像它现在那样产生的这些作用。由此得出，不但躯体不是感情的主要原因，并且即使在我们见到的以外，我们心中尚存在着某种其他的东西，能在我们心里产生以上所说的这些感情，这个其他的东西也不可能在心灵里产生任何不同于、或多于躯体现在所产生的东西。因为这个其他的东西同样也只能是一个对象，这个对象是和心灵完全不同的，从而只能以我们关于心灵已经说过的同一的、而非不同的方式呈现于心灵。

§ 18　因此，我们可以真实地得出结论说：爱恋、憎恨、悲戚以及其他感情，是以各种不同的方式在心灵中引起的，而这要看每一具体情况下心灵对于事物的认识的性质如何而定；由此得出，如果它最后终于认识了那个至高无上地美好的东西，这些感情中的任何一种都不可能在它之中产生丝毫的骚动。③

注　释

①　自然神论者并不排斥上帝的干预，由此可见笛卡尔对奇迹和天启不置可否。而斯宾诺莎的内在论则绝对排斥任何自然以外的原因，见《神学—政治论》中论奇迹和先知的章节。

②　这里申述了一个绝对的平行论。它排斥了卓越论，也排斥了思想实

体对广袤实体的任何可能的作用(在超广袤和超思想却又混广袤和思想的上帝中)。但是平行论并不妨碍同时上帝又是思想。只是广袤绝对自成一系统,思想绝对自成一系统。

因此斯宾诺莎哲学中上帝的一统、即属性说就成了一个十分重要的问题,关系到《伦理学》第一部中实体与属性的定义和定理1—7、7—11的安排。这十一个定理是斯宾诺莎全部哲学的基础和重心。

③　第十九章至此,事实上只谈了§**3**中所提三个问题中的第一个,这三个问题是:

1. 什么是感情的首要的原因——观念;任何感情都是观念的作用,也就是说是事物作为对象在心灵中所起的作用,而不是事物本身直接的作用。这里直接关系到斯宾诺莎在方法论Idie中阐明的事物在悟性外的存在和事物在悟性中的存在(对象的本质)的原理。

2. 理性能不能消灭感情;

3. 对于上帝的爱。

第二十章　佐证前章所论

§ **1**　关于我们在前章所论各点，也许有人会提出如下的辩难：

1. 如果运动不是感情的原因，何以我们能用某些东西驱除悲戚？例如常见的以酒解忧。

2. 这里我们要这样回答：我们必须把心灵刚刚知觉到一个物体时的知觉，和它立即决定这个物体对它好、坏的判断区别开来。* 因此心灵处于我们所说的那种情况中时，前面曾证明，它是间接地具有一种能力，能任意支配元气，但是这个能力可以被剥夺，也就是说当某些其他原因——通常来自躯体的——使元气中的既定秩序被取消，因而使它们的状况发生改变的时候；当心灵知觉到这个情况时，就按元气所受改变的情形，在它之内产生一种悲戚；这种悲戚是由于它对躯体的爱恋和与它的联合而起的。**

这一点确是如此，从下列这个情况不难看出，我们可以用两种

---

* 也就是说，必须把一般的认识和关系到好、坏的认识区别开来。

** 悲戚在一个人心中产生于一种意见，以为某一不幸发生于他，也就是说失落了某一利益。当他具有这样一个观念时，就产生一个后果：元气奔赴心脏四周，在其他脏腑的配合下逼迫和压缩心脏（欢快中的情形则正相反）；心脏回过来又知觉到这一情况，为之感到不安。酒和药物在这里起什么作用呢？这是通过它们的效应使元气远离心脏，由之使空间稍稍宽畅；当心灵知觉到这一情况时，它就感到一种解放，这就在于为酒所建立的新的运动和静止的比例驱除了那个不幸的映象，而代之以另一个令悟性比较满意的映象。但这不能说是酒对于心灵的直接作用，而只是酒对于元气的一个作用。

方式解除这种悲戚：1. 要么是我们使元气恢复原来的状况；2. 要么是根据一种来自确切理由的信念，我们认为我们可以不必为躯体多所烦扰；前一解救是暂时的，可能复发的；后一则是永恒的、牢固的、不可改变的。

§2　第二个辩难可以是这样：既然我们看到，心灵尽管和躯体毫无共同之处，但是能作为原因使原来朝一个方向运动的元气转向另一方向，何以它不也能使一个完全不动的物体开始运动？* 同样，何以它不能使其他一切原来在运动的物体按它的意志运动？

---

* 因此，何以一个式态无限地不同于另一个，而能作用于这另一个式态的问题，也就不难理解了；因为它是整体的一部分，心灵是决不能没有躯体而存在，躯体也决不能没有心灵而存在的。

我们兹证明这一点如下：

1. 存在一个最完善的东西；第　页；①

2. 不能有两个或两个以上的实体；第　页；

3. 任何实体都不可能开始存在；第　页；

4. 每一个实体都在自类中无限；第　页；

5. 同样，必定有一个思想的属性；第　页；

6. 自然中没有任何东西不在思想的东西里有一个观念，这个观念既来自它的本质也来自它的存在；第　页；

7. 以及；

8. 东西这个名称，我们是指一个不带存在的本质，所以这本质的观念不能视为一个特殊的、个别的东西，这只有在存在和本质一并给予的时候才可能；这是因为那时候就存在着一个对象，后者在前此是不存在的。举例来说，一堵墙，如果是纯白的，我们就不能在这上面分别这个、那个，等等。

9. 这个观念，作为一个孤立的、和其他观念脱离的东西，就至多只是一个某某东西的观念，它不能对于这个东西具有任何观念；因为作为一个这样的观念，仅仅是一个部分，不可能对它自身和它的对象有任何清楚、明确的认识；后者只有对于思想的东西说来——只有它才是整个的自然——才可能；因为一个片断，作为一个在它所属的全体之外的东西，是不可能的……等等。

10. 在观念和观念的对象之间必然存在着结合，因为两者之中任何一个不能没有

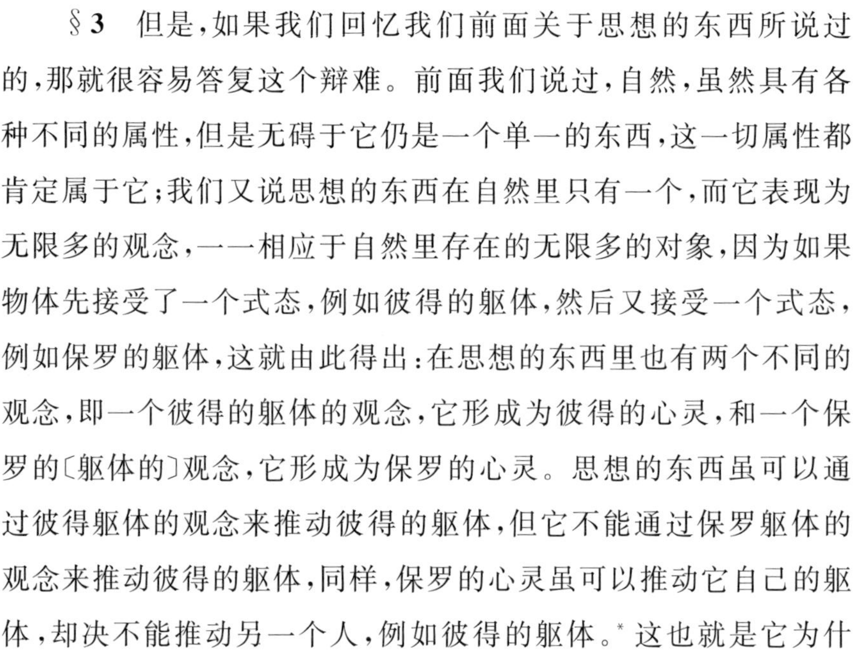

§**3**　但是，如果我们回忆我们前面关于思想的东西所说过的，那就很容易答复这个辩难。前面我们说过，自然，虽然具有各种不同的属性，但是无碍于它仍是一个单一的东西，这一切属性都肯定属于它；我们又说思想的东西在自然里只有一个，而它表现为无限多的观念，一一相应于自然里存在的无限多的对象，因为如果物体先接受了一个式态，例如彼得的躯体，然后又接受一个式态，例如保罗的躯体，这就由此得出：在思想的东西里也有两个不同的观念，即一个彼得的躯体的观念，它形成为彼得的心灵，和一个保罗的〔躯体的〕观念，它形成为保罗的心灵。思想的东西虽可以通过彼得躯体的观念来推动彼得的躯体，但它不能通过保罗躯体的观念来推动彼得的躯体，同样，保罗的心灵虽可以推动它自己的躯体，却决不能推动另一个人，例如彼得的躯体。* 这也就是它为什

另一个而存在；因为没有一个东西不在思想的东西里有它的观念，而除非那东西存在，任何观念就不能存在。不仅如此，观念如果不发生变化，对象也不可能发生变化，反之亦然；因此根本不需要任何第三者以产生心灵和躯体之间的结合。但是必需指出，我们所说的是在上帝中从和它们的本质结合的东西的存在而必然产生的那些观念，而不是说现实地存在着的这些东西在我们心中呈现和产生的观念；前者和后者大有不同；因为在上帝中这些观念并非像在我们心中那样是这样或那样的，从这边或那边产生的〔因此，从我们所经受的种种感受，在绝大多数情况下，我们得出的是一个极不完备的认识，并且我的观念不同于你的观念，尽管它们是同一个东西的作用〕，而是和一切东西实际是什么相符，是从它的本质和它的存在产生的。

*　很明显，因为人是一个具有开始的东西，在他身上，除了前此已经存在于自然中的东西以外，不可能有其他属性；又，因为他构成于某一个躯体，后者必然在思想的东西里有一个观念，并且这个观念本身必然和这躯体结合在一起，因此我们可以确然不易地说，他的心灵不是别的，而是思想的东西里的他的躯体的观念。[②] 现在因为躯体具有某一个运动和静止的比例，这个比例经常为外物所影响，并且躯体中不可能有任何一个变动，如果这个变动不立刻发生在心灵里，其结果是：人有种种感觉。只是我说：因为它具有某一个运动和静止的比例，这是因为任何躯体中的变化不能不同时具有这两者的作用。

么同样决不能推动任何一块静止的、躺着不动的石头的原因，因为石头在心灵里又成为另一个观念。因此也就十分清楚，任何物体，完全在静止中，是不可能为任何思想的式态所推动的，其理由盖已尽述如上。

§ **4**　第三个辩难可以是这样：我们认为我们清楚地看到，我们可以是物体中的一种完全静止的原因。因为，在我们长期推动我们的元气以后，我们感到疲乏；这疲乏不是别的，只是我们引入元气的某种静止。

§ **5**　我们回答，不错，心灵是这个静止的原因，但只是间接的原因；因为它不是直接把这静止引入元气，而只是通过另一个它所推动的物体，后者以多少静止输送给元气，就必然失去多少静止。由此清楚可见，自然中只存在一种唯一相同的运动。

注　释

①　1—6 的页码抄本中均阙。

②　这里斯宾诺莎明白说明他用观念一词有两个意义：一个是本质的，全面的，如实的，理性的；一个是现象的（虽然斯宾诺莎还没有这个概念），片面的，错伪的（在斯宾诺莎，错伪等于片面），经验的。

第二十一章　论理性

§1　现在我们讨论何以有时候明明看到一个东西好或坏，可是在我们心中找不到任何力量去做那好的，或拒绝那坏的东西；相反，有时候〔我们〕又觉得〔具有这种力量〕。

§2　这种情形很容易理解，如果我们注意到上面我们所说的意见的原因的话，这些意见，我们知道，本身又是各种被动的感情的原因。上面说过，这些意见或者产生于听闻，或者产生于经验。但是，因为凡是我们在我们以内感受的东西要比来自我们以外的东西对于我们具有更大的控制力，因此得出：理性固然可以消灭我们仅仅由听闻而来的意见*，因为它不是由我们以外来的东西；但是它并不能消灭我们由经验而来的意见。

§3　因为，凡是东西本身给予我们的力量，永远大于我们从

---

* 这里我们不论用意见或是用感情这个词，意义是一样的，因为很明显，如果说我们不可能用理性克服那些由经验在我们以内产生的意见，这是因为这些意见在我们以内不是别的，正是我们对某一个我们以为它好的东西的享有，或者说和它的直接联合；而理性尽管为我们指出什么东西好，但并不因此就使我们享有这个东西。但是一个为我们在我们身上享有的东西，不可能为另一个不在我们身上享有的东西所克服，相反地，是在我们之外为理性所指的那样一个东西所克服。要克服这样一个东西，需要某个更有力的东西；这样的东西是对于某一个东西的享有和直接联合，后者我们对它的认识和享有具有更大的力量；在这种情况下胜利是必然的。或者，这胜利也可以来自一个比我们所享有的利益更大的、紧接着这个利益而来的不幸[①]的经验。只是这种不幸不是永远必然到来，这是凭经验大家都知道的事，因为……等等(参看以上)。

另一个东西的后果所取得的力量，这个区别在讨论推理和清楚认识的时候我们已经指出，那时曾举三数定律为例。因为我们从对于一个比例本身的认识，比从对于比例的定理的认识取得更大的力量。正因为如此，我们经常说：一个爱恋消灭于另一个更大的爱恋；这句话的意义我们绝不是指欲望，后者② 是从推理产生的。

注　释

① Ch. Appuhn 提出，“不幸”似应读作“胜利”。

② B 稿作“并不是像爱恋那样，产生于真实的认识”。

第二十二章　论真实认识，论重生等

§**1**　现在，我们既已知道理性没有能力引导我们达到心灵健康，剩下只是考察我们是不是能凭第四种认识方式达到这种健康。我们已经说过，这一种认识并不是从另一个东西得出的，而是产生于悟性，它使对象本身直接地呈现于我们，并且，如果那对象是荣耀的、善的，心灵将必然和它，像我们关于躯体说过的那样，结合为一。

§**2**　由此我们可以——无可争辩地——知道，认识，这是爱恋的原因；因此，如果我们懂得如何以这一种方式去认识上帝，我们将必然和上帝结合为一，因为上帝之呈现于我们，就我们所知，是不能别样的，只能是至上地荣耀、至上地善的，并且正是在这一结合中，它是我们唯一的幸福所在。

我并不是说：我们认识上帝必须一如上帝所是的那样[①]；而是，为要结合于它，我们只需在某一程度上认识它；就像对于躯体，并不是我们认识它一如它所是的那样，或者说，十全十美地；然而，这是怎样的一种结合！怎样的一种爱恋！

§**3**　至于说这第四种认识——它是关于上帝的认识——不是从另一个东西得出，而是一种直接的认识，可以从我们在前面已经证明的看到，也就是说：上帝是一切认识的原因，这个原因只能由它自身被认识，而不能是由于任何其他东西；又可以从这一点而清楚地看到：我们由于本性和上帝这样结合在一起，以致没有它我们既不能存在，也不可被思议；因为上帝和我们之间存在着这样密切的结合，因此十分清楚，我们不可能是别样，只能是直接地认识它。

§4　现在我们再进一步阐明我们和上帝的这种由于本性和由于爱恋的结合。

前面我们说过，在自然中不可能存在任何东西不在它的心灵里有一个观念*，并且，按照那个东西比较完善或比较不完善，这个观念和那东西或和上帝本身的结合以及它的影响也就比较完善或比较不完善。

§5　但是另一方面，因为整个自然是一个单一的实体，它具有无限的本质，因此一切东西都被自然结合在一个单一的东西里，也就是说，结合上帝里面；而躯体，作为我们的心灵所知觉的第一个东西（因为，上面说过，自然里不可能存在任何东西不在思想的东西里有一个观念，这个观念也就是这个东西的心灵），则必然地是这个观念的第一原因。** 但是，因为这个观念不可能停留于这个对躯体的认识，而不进入到对那一个——没有它，不论躯体或这

* 由此同时也说明了我们在第一部分所说的，即无限的悟性，后者我们曾称为上帝的儿子，在自然中亘古以来永恒存在；因为上帝既然亘古以来永恒存在，同样它的观念也必定在思想的东西或者它自身之中永恒地存在；这个观念是作为对象和它自身一致。

** 也就是说：我们的心灵，就它是躯体的观念而言，它的本质出于躯体；但是尽管如此，不论它的整体或每一个部分，不是别的，而是思想的东西里的一个有关躯体的表象。

个观念本身既不能存在也不可思议的——东西的认识，因此，在它一经认识这个东西之后，它将立即通过爱恋和它结合为一。

§ **6**　为了更好地设想这种结合，并且推断它是怎样的一种情形，我们最好莫过于看一看我们和躯体的结合所产生的影响；因为在这里我们看到，如何由于对物体性的东西的认识和对它们的爱好在我们内部产生那一切，通过元气的运动，我们在我们的躯体中不息地知觉到影响；如果我们的认识和我们的爱恋能及于那个没有它我们就既不能存在也不可被思议的绝非物体性的东西，由这个结合而产生的影响就将并且必然将无比地更加巨大和更加荣耀，因为这些影响是和我们与它结合在一起的那东西的性质永远一致的。

§ **7**　并且，当我们知觉到这样一些影响时，我们确实可以说，这是我们又一次出生；因为第一次我们出生于我们和我们的躯体相结合时，由这一结合而产生这样的一些影响以及元气的这样一些运动；但是这另一次，即第二次的出生，将发生于我们由于对这一个非物质的东西的认识，在我们内部知觉到完全不同的另一些爱恋的影响时；后者之不同于前者，一如物体之不同于非物体，精神之不同于肉体。而这我们特别有理由称之为重生，因为只有从这一种爱恋和这一个结合，以下证明，我们才能得出一种永恒的、不可改变的稳定。

注　释

①　B稿作："或者说，相当地"。

第二十三章　论心灵的不朽

§**1**　如果我们注意看一看什么是心灵，以及从何产生它的变化和它的持续，我们可以很容易看到它是有死的还是不朽的。因为前面我们说过，心灵是在思想的东西里的一个观念，它产生于某一在自然中存在的东西的本质[①]，由此可知那个东西具有怎样的变化和持续，心灵同样也该有怎样的变化和持续；又，我们曾看到，心灵或者可以结合于它作为观念的躯体，或者可以结合于上帝——没有上帝，心灵既不能存在也不可被思议。

§**2**　由此可以很容易看到：

1. 如果心灵只是和躯体结合在一起，躯体消灭了，心灵就同样消灭；因为如果它被剥夺了那个作为它的爱恋的基础的躯体，它也就和躯体一起消灭；但是，

2. 如果心灵和另一个现在和将来始终不可改变的东西结合在一起，同样它也是始终不可改变的。因为，那样，它可能被什么东西所取消呢？不能被它自身取消；因为正像当它不存在时，不可能由它自身而开始存在一样，同样，它既已存在，就不可能[②]改变和消灭。因此，那个使它存在[③]的唯一原因，当它消灭时也是使它不存在[④]的原因，因为这个东西本身会使它改变和消灭。

注　释

① Ch. Appuhn 指出，A 和 B 都作 wezentheid，即“本质”，却也可以作 wezentlijkheid，即“存在”。

② B 稿有“由它自身而”。

③ B 作 wezentheid。

④ B 作 niet_wezentheid。

第二十四章　论上帝对人的爱恋

§1　至此，我们认为我们已经充分说明了什么是我们对于上帝的爱恋，以及它的作用：也就是说，我们本身的永恒的持续。因此我们认为我们就不必再在这里谈到其他许多问题，例如：上帝里面的欢乐，心灵的宁静，等等；因为，在谈过了前者以后，就很容易看到后面这些是什么，以及我们有些什么可说的。

§2　但是，因为到此为止我们谈了我们对于上帝的爱恋，我们需要再看一看是不是也存在上帝对于我们的爱恋，也就是说，是不是上帝同样也爱我们，以及这是不是因为人爱上帝？但是首先我们说过，除了在生灵万物中的种种思想式态以外，我们不能说上帝具有其他任何思想式态，因此我们不能说上帝对人有什么爱恶，更不能说上帝爱人是因为人爱上帝，或上帝恨人是因为人恨上帝；因为如果我们这样说，我们首先就要承认人能够凭他的自由意志这样爱、恨，首先要承认人并不依靠于一个第一原因，所有这些，我们上面已经证明，都是谬误的。并且这一点只能在上帝身上产生巨大的可改变性，如果以前它既不爱也不恨，现在它却必须去爱、恨，并且是被某个外在于它的东西决定，因而这样去爱、恨，这是荒谬之极的。

§3　但是，如果我们说上帝不爱恋人，这一句话不可以理解为似乎上帝听任人自由自便，而应理解为人在上帝里面和一切存在的东西结合，上帝就是这一切存在的整体，因此不可能有什么通常意义下的上帝对于一个其他东西的爱恋，因为凡是存在的一切只是形成一个单一的东西，也就是上帝自身。

§**4**　并且由此得出：上帝予人以它的法律，并不是为了在他们履行它的时候去奖赏他们[①]；或说得更清楚些，上帝的法律不是什么可以违犯的法律。因为，上帝所确立于自然中使万事万物依之产生和持续的那些法则——如果我们愿意，可以称它们为法律——乃是这样一种东西，它们是永远不可能违犯的。因此，弱肉强食，一个原因不能产生多于它所包含的后果，以及诸如此类等等，这些都是这样一些法则，它们既不可能改变，也不可能有终始，相反地，一切东西都服从它们，一切东西都为它们所制约。

§**5**　我们在这里简略地谈一谈，我们说：一切法律，凡是不可能违犯的，都是神的法律，因为凡是发生的事物都不是违反神本身的规定、而是符合神本身的规定的。然而，凡是可以违犯的法律都是人的法律，因为人在他规定的一切事物里都有他的自身的利益这样一个目的，由此并不得出，整个的自然也都认为这是利益，相反地，这些法律可以引起很多别的东西的毁灭。

§**6**　当自然的法律更有力的时候，人的法律就被摧毁了。

神的法律就是最后的目的，是为了这个目的而存在的；它们不是从属于任何东西的；人的法律则不然。因为即使人仅仅为了自身的利益而制定某些法律，除了藉以改善本身的状况以外没有任何目的，但是人所提出的这个目的（因为是从属于、受制于某一比人更高的东西的其他目的的，这比人更高的东西使作为自然一部分的人以一定的方式活动)却可以使他的那些法律同样相符于上帝亘古以来确立的那些永恒法则,而与之同流共趋,并和其他一切东西一起协力完成那整个的作业。因此,例如蜜蜂辛勤工作,恪守群体纪律,除了保证一份过冬食粮以外并无其他目的,但是比它们更高的人培育养护它们,却提出了一个完全不同的目的,这就是获取蜂蜜供自己用。同样,人作为一个特殊的、个别的东西,并没有什么比他的有限本质可能达到的东西更远的目的;但是,如果注意到他只是整个自然的一个部分和工具,他的这个目的不可能是自然的最后目的,因为自然是无限的,它运用人作为工具一如运用其他一切。

§ **7**　以上既已讨论了上帝所立的法律,现在我们可以指出,人,在他自身以内,至少在一个正确运用他的悟性并认识上帝的人是如此,知觉到一种双重的法律;这双重法律的原因一则是他和上帝的联系,一则是他和自然中各种式态的联系。

§ **8**　前一类法律是必然的,后一类则并不;因为,就人和上帝的联系而产生的法律说,既然人必须永远地、不间断地联系到上帝,他就会、并且必然会永远在他的心目中有这样一些法律,按照这些法律他应该为上帝而活,并且和上帝在一起。反之,就他和种种式态的联系而产生的法律说,因为他是可以和人们分离的,这些法律就不是这么必然。

§ **9**　因此,既然我们在上帝和人之间建立了这样的一种联系,人们很可以有理由问:上帝如何使它自己为人所知?这是不是或能不能借助于某种语言?或是它直接地由它自身使它自己为人所知,并不利用任何其他为此目的而利用的东西?

§**10**　对此我们回答说:绝不可能通过语言;因为,如果这样,必须在这些语言得以宣说以前,人已经懂得它们的涵义。例如,如果上帝曾对以色列人说:我是耶和华,你们的上帝,那就必须在这以前,没有这些语言,他们已经知道上帝存在,然后才能[2]确知这是它[3];因为在这一刹那间他们清楚地知道,那声音、雷鸣、雷光并不是上帝,尽管那声音说他是上帝。

这里,我们关于语言所说的,同样可以推广到一切外在的符号。因此我们认为不可能是上帝曾以任何外在的符号使它自己为人所知。

§**11**　并且我们认为,上帝之为我们所知,除了上帝的本质和人的悟性,根本不需要通过任何其他东西;这是因为在我们之内用于认识上帝的即是悟性,后者直接结合于上帝,以致没有上帝它既不能存在也不可被思议,由此无可争辩地得出,没有任何东西能和上帝本身一样和我们的悟性结合得这样紧密。

§**12**　并且,我们也不可能通过另一个东西去认识上帝。

1. 因为如果是那样,那个使我们认识上帝的东西必须比上帝更为我们所知,这和我们至此所清楚证明的一切恰恰背道而驰:也就是说,上帝是我们的认识和一切本质的原因,一切特殊的、个别的东西,绝无例外,没有它不但不能存在,甚至不可思议。

2. 因为在任何情况下,我们决不能从对于另一个必然有限的东西的认识达到对于上帝的认识,即使这另一个东西更为我们所知;因为我们怎么能从一个有限的[4]东西推论出一个无限的、不被限制的东西?

§**13**　因为即使我们在自然里看到某些作用或某一事迹,其原因不为我们所知，我们仍然不可能得出这个结论：为产生这个后果，必须在自然里存在着一个无限的、不受限制的东西。为了产生这个后果，是集结了大量的原因，还是仅仅只有一个原因？我们怎么能知道这一点？谁把这告诉我们的？

因此，我们最后得出结论说：上帝为了使自己为人所知，不可能利用或者并不需要语言、奇迹或任何其他被创造的东西，而只是由它自身。

注　释

① B有“在他们违犯的时候去惩罚他们”。

② B稿有“由于这些语言而”。

③ B稿“它”作“它在他们说话”。

④ B稿有“受限制的”。

第二十五章　论魔鬼

§1　现在我们将简略地谈一谈魔鬼的问题，这些东西究竟是有，还是没有，我们像下面这样说：

如果说魔鬼是这样一个东西，它是和上帝整个地、绝对地相反的，它没有丝毫东西与上帝有关，那它就百分之百等于绝对的无，关于绝对的无我们前面已经讲过了。

§2　那么，我们且按某些人的说法，说它是一个思想的东西，这个思想的东西绝对不想、不干半点好事，因此是和上帝在一切事情上对立的，如此说来它就是一个极端不幸、可怜的东西；如果祷告果真有济于事，我们当真应该为它多多祷告，好让它早日超生。

§3　但是我们且看一看，这样一个不幸、可怜的东西是否能够有一刻持续存在。我们不难立刻看到这样的东西是不会有的。因为一个东西的全部持续来自它的完善，在它里面愈有更多的本质和更多的神性，它就愈能够持续，那么，我不懂，魔鬼如何能够持续存在，既然它没有半点完善？何况在思想的东西里，一个式态的持续或绵延只有来自这个式态和上帝的结合，这结合产生于爱恋；但是在魔鬼的场合，我们所假设的恰恰是这一结合的绝对反面，所以魔鬼绝不可能持续存在。

§4　但是，既然我们并没有丝毫必要假定有所谓魔鬼，我们又何必假定有魔鬼呢？我们并不像别人那样，需要假定一些魔鬼来说明憎恨、妒忌、愤怒以及诸如此类的种种感情的原因，我们无需这样的虚构，就已经充分说明了它们的原因。

第二十六章　论真正的自由

§1　由前一章的命题，我们不单要说明没有魔鬼，并且要说明：那阻碍我们达成我们的完善的种种原因（或不如说，我们所谓的罪恶）存在于我们自身之中。

§2　并且我们以上又说明了：我们如何既借助理性、也借助第四种认识以达到我们的康乐，以及我们如何消灭我们的被动感情。并不是像一般说的那样，必须首先克服这些感情，然后我们才能达到对上帝的认识，从而爱恋上帝，因为这就无异于说：如果一个人无知，必须首先克服他的无知，然后他才能有知；殊不知唯有有知才是消灭无知的原因；这是我们从以上所说可以清楚看到的。同样由以上所说我们可以清楚地得出，没有德性、或（更恰当地说）没有悟性的主宰，就只能日趋下流，我们不可能有任何安宁，我们的生活永远只能是不得其所的。

§3　因此，即使通过对上帝的认识和对上帝的爱恋，悟性并不像我们所说的那样，得到一种永恒的安宁，而只是得到一种暂时的安宁，我们还是有责任追求这种安宁，因为连这种安宁也是这样：当我们一旦享有它时，我们就不会同意用它交换世间的任何东西。

§4　因为情形是这样，所以我们有充分理由认为，很多世称大神学家的人有一种非常荒谬的说法，认为：如果永恒的生命不是对于上帝的爱恋的必然结果，他们何不去追求各自的私利；这说法之愚蠢不下于一条除了在水里就不可能生活的鱼说：如果从这水里的生活得不到永生，我就要出水上岸去了；试问那些不知上帝为何物的人所论宁非如此？

§ **5**　因此我们可以看到，要理解何以我们关于我们的幸福和安宁所论是真实的，是不需要任何别的根据的，只需要这一条原则，即：我们总是追求有利于我们自身的东西，一切东西原是自然如此。因此，体验到在追求感官快乐、肉欲和一切世俗的东西时我们得到的不是幸福而是我们的灾难，我们愿意接受悟性作为我们的最高主宰；但是悟性的主宰并不足以使事物改观，如果不是我们首先达到对于上帝的认识和爱恋的话，因此最切要的事莫过于追求上帝；而经过以上的讨论、辨析既已认识到上帝是一切利益中的最好的利益，我们势必要停留在这里并且在这里求得安息。因为我们上面看到在它之外没有任何东西能给我们以任何福祉；而我们的真正的自由也就正在于我们被缚在、并且永远被缚在这些对于上帝爱恋的可喜锁链上。

§ **6**　最后，我们看到，推理的认识绝不是我们心中最主要的东西，而可以说，只是一个阶梯，我们由这阶梯上达到我们希望的目的；或者可以说，这是一个良善的精神信使，它既无错误也不诳骗，传给我们一个最高幸福的消息，促使我们去追求这个幸福本身并和它结合为一；这一结合也就是我们最高的福祉和最高的康乐。

§ **7**　这样，为了结束这一著述，我们只需要再简略地说明什么是人的自由，以及这一自由在于什么，为此，我将利用如下这些确凿不移、已经证明的命题：

1. 一个东西愈是具有更多的本质，就愈是具有更多的能动性，更少的被动性。因为可以肯定，作用者是以其所有而作用的，被动者是以其所无而被动的。

2. 一切被动的感受，不论它是一个从存在到不存在还是从不存在到存在的转化过程，都必须有一个外在的、而非内在的作用因。因为任何东西，单独就它自身考虑，在它里面没有任何原因在它存在时使它能够自行消灭，在它不存在时使它能够自行产生。

3. 凡是并非由外在的原因产生的东西，也就和这些外在的原因没有任何共同之处，从而既不能为它们所改换，也不能为它们所改变。

由第二和第三个命题，我们得出第四个命题。

4. 由一个内在的或者内部的原因（两者在我完全是一回事）所产生的任何作用，只要这个原因继续存在，这个作用就不可能消灭或改变。因为正像这样一个作用不可能被某些外在的原因所产生一样，同样它也不可能（按照第三个命题）为这些外在的原因所改变；又，因为（按第二个命题）任何东西只可能被外在的原因所改变，因此只要它的原因继续存在，这个作用就不可能改变。

5. 最自由的、最和上帝一致的原因是内部的原因。因为由这样的原因产生的作用或后果这样地依靠于这个原因，以致它没有这个原因就不可能存在或被思议，并且这个作用或后果不受任何其他原因的影响；再次，它和它的原因结合在一起以致和它成为一个整体。

§**8**　现在我们看，从这些命题应该得出什么结论：

1. 既然上帝的本质是无限的，因此（由第一个命题）上帝具有无限的活动性和对于一切被动性的无限的否定；从而事事物物愈是具有较多的本质，和上帝密切结合，它们也就具有愈多的活动性，愈少的被动性，愈能免于改变和朽坏。

2. 真实的悟性永远不可能消亡；因为按第二个命题，它不可能在它自身内具有任何使自己消灭的原因。又因为它是由外在的原因、由上帝产生的，因此，按第三个命题，它不受外在原因的任何毁坏；并且因为上帝直接产生它，而上帝又只是一个内在的原因，因此按第四命题必然得出：只要这个原因继续存在，悟性不可能消亡。但是这个原因是永恒的；因此悟性同样也是永恒的。

3. 真实的悟性的一切作用或后果，是和它结合在一起的，是最优越的，并且应该视为比其他一切作用或后果更有价值。因为，它们既是一些内在的作用或后果，因此按第五个命题，它们是最优越的作用或后果，又因为它们的原因是永恒的，因此它们必然也是永恒的。

4. 我们在自身之外产生的一切作用或后果，愈是能够和我们结合在一起形成一个同一的性质，它们也就愈完善，因为愈是这样，它们也就愈接近内在的作用或后果。例如，如果我告诫我的邻人去爱恋快乐、想慕荣华、贪图财富，不论我自己是不是也爱恋这些东西，我都要蒙不利、受打击，这是很清楚的事；但是如果我全力以赴的唯一目的是要求能够享受和上帝的结合，以及在我内心产生真实的观念，并使这些同样也为我的邻人所认识，情形就迥然不同。因为我们大家一起都可以分享这个福祉，也就是说当它在他们心里激起了和我心里同样的欲望，从而使他们的意志和我的意志合而为一，我们形成一个同一的性质，永远地、全面地互相和谐一致。

§**9**　由以上所说的这一切，我们可以很容易理解什么是人的自由；我现在定义说：人的自由是我们的悟性由于它和上帝的直接结合而得到的一种坚固的真实性，在它自身以内产生某些观念，并由它自身造成某些和它的性质相一致的作用或后果，这些作用或后果不受任何外在原因的影响。不能为它们所损坏或改变。由以上所说我们又清楚地看到，什么是在我们能力范围之内、不受任何外在原因影响的东西；同时证明了，前此已经以另一个方式证明的，我们的悟性的永恒、不变的持续；以及最后什么样的作用或后果我们应该视为最有价值的作用或后果。

§**10**　现在，为了最后结束这一工作，我只需要对那些读我写的这本书的朋友们说几句话：请勿为这些新的东西而惊讶，因为你们知道得很清楚，一件东西并不因为不为很多人接受而失其为真。又，因为你们不是不知道我们今天所处的时代的性格，我恳切要求你们在向他人转述这些东西的时候务必持十分明智审慎的态度。我的意思并不是说，你们必须把这些东西绝对保留在你们之间，而只是说，你们开始向某个人传播这些东西时，心里存的除了你们邻人的福祉以外，当没有任何其他的目的或动机，并且你们也必须十分肯定，对这样一个人，你们的劳作不会得不到报酬。最后，如果在本书的阅读中你们发现我持为确凿不移的东西有扞格不入处，我请求你们不要在未经长期、认真的思索以前就轻率地加以弃绝；而如果是经过了这样的思索，我确信不疑你们将会享受到你们在这棵树上所期待的果实。

附　　录

I　论实体、自然、上帝

公　　理

1. 实体是由它的本性先于它的变化(式态)的。

2. 不同的东西或者是真正不同,或者是在式态上不同。

3. 真正不同的东西或者是具有不同的属性的,如思想与广袤,或者是属于不同的属性的,如悟性与运动,前者属于思想,后者属于广袤。

4. 那些具有不同属性的东西,以及那些属于不同属性的东西,这一个里是没有那一个的成分的。

5. 一个东西,在它里面没有另一个东西的成分,就不能是这另一个东西存在的原因。

6. 凡是自己的原因的东西,不可能限制它自己。

7. 凡是为一些东西借以自存的,就是凭本性先于这些东西的。

命　题　一

任何一个真正存在的实体,不能以归给另一个实体的属性归给它;换言之,不可能在自然中有两个实体,除非它们是真正不同的。

证　明

如果它们是两个实体，它们就是不同的实体；由此（由公理二）或者是它们真正地不同；或者是在式态上不同；它们不是在式态上不同，因为否则式态（由公理七）将由它的本性先于实体，这是悖于公理一的；因此它们是真正地不同。因此，我们加于其中之一的东西，不能加于另一。

命　题　二

一个实体不能是另一个实体存在的原因。

证　明

这样的一个原因在它里面没有任何属于这样的一个后果的成分（由命题一），因为它们是真正不同的；因此（由公理五）一个不能产生另一个。

命　题　三

一切属性或实体，由于它的本性，都是在自己那一类里无限并且至上地完善的。

证　明

任何实体不以另一实体为原因（命题二）；因此，如果它存在，那它就或者是上帝的属性之一，或者在上帝之外，它曾是它自身的原因；第一种情形，它必然在自己那一类里无限并且至上地完善，因为上帝的一切其他属性都是如此;第二种情形,它同样也必然如此,因为它不能(由公理六)限制它自己。

命　题　四

每一个实体,由于本性,它的本质蕴含它的存在;因此不可能在无限的悟性里有一个实体的本质的观念,这个实体是不在自然中存在的。

证　　明

一个东西的真正的本质是某种东西,它和这个东西的观念是真正地不同的;这种东西或者是真正地存在的,或者是包含在另一个真正地存在的东西之内,而不能真正地、只能作为式态区别于这另一个东西;属于后一情形的是,我们看到的东西的全部本质,当这些东西尚不存在时,就包含在广袤、运动和静止之中,而当它们既已成为真正的东西时,则并不是真正地,而只是作为式态自别于广袤。但是,说一个实体的本质也是这样包含在另一个东西之中,这就意味着矛盾;和第一命题相反,这个实体将不可能真正地不同于这一个东西;和第二命题相反,它将为这一个按假定包含它的东西所产生;最后,和第三命题相反,它这样就不可能是由于它的本性在自己那一类里无限并且至上地完善的。因此,因为它的本质并不包含在另一个东西里,它就是一个由它自身而存在的东西。

引 申 命 题

自然之所以被认知,是由它自身,而不是由于任何一个另外的东西。它包含无限的属性,其中每一个都是在它那一类里无限并且至上地完善的,而且它们的本质蕴涵它们的存在,以致在它们之外不存在任何本质或任何东西,因此自然和那唯一荣耀、神圣的上帝的本质完全相合。

Ⅱ　论人的心灵

§1　人，因为他这个东西是被创造的、有限的等等，因此凡是他所具有的属于思想方面的为我们称为心灵的东西，必然是我们用思想这个名称所指的那一属性的一个式态变化，在这一式态变化以外的任何东西都不属于它的本质；因此，如果这个式态变化消灭了，心灵也就消灭了，即使上述那一个属性还继续存在不变。

§2　同样，凡是人所具有的属于广袤方面的为我们称为躯体的东西，无非只是我们称为广袤的那另一个属性的一个式态变化，并且同样，如果这个式态变化消灭了人的躯体也就没有了，即使广袤这一个属性还继续存在不变。

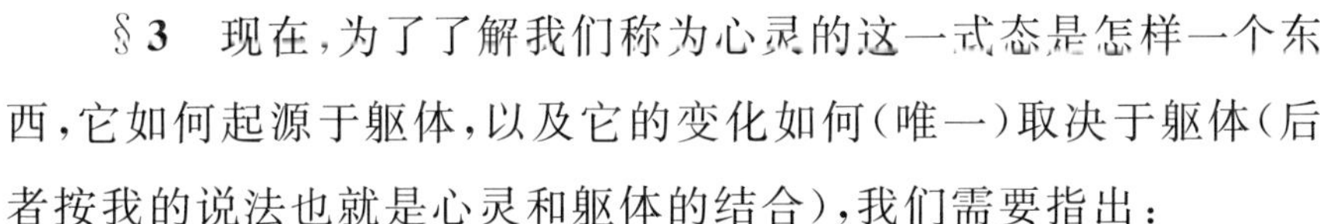

§3　现在，为了了解我们称为心灵的这一式态是怎样一个东西，它如何起源于躯体，以及它的变化如何（唯一）取决于躯体（后者按我的说法也就是心灵和躯体的结合），我们需要指出：

1. 我们称为思想的那一个属性，它的最直接的式态变化是作为对象包含所有一切东西的形式的本质；以至于，如果我们提出某一个形式的本质，后者并不是作为对象包含在上述属性中，和命题三相悖，上述这一属性就将不是在自己那一类里无限并且至上地完善的。

§4　因为自然或上帝是一个东西，这个东西具有无限的属性，并且在它里面包含一切被创造的东西的本质，因此关于这一切必然在思想的属性里产生一个观念，这一个观念在它里面，一如自然本身真正是的那样，作为对象包含着整个的自然。

§**5**　2. 我们需要指出：一切其他的式态变化，如爱恋、欲望、欢乐等等，都源出于这第一个直接的式态变化*；如果后者不先行于它们，就既不可能有爱恋，也不可能有欲望，也不可能有欢乐，等等了。

§**6**　由此清楚得出，那种促使每一个东西要求维持其躯体的自然的爱恋，它的来源不可能是别的，只能是思想属性里的躯体的观念或作为对象的本质。

§**7**　再则，因为一个观念（或者作为对象的本质）的真实存在不需要任何其他东西，只需要思想属性和对象（或者作为形式的本质），因此可以肯定，像我们前面曾经说过的那样，观念，或作为对象的本质，是思想属性的最直接的式态变化。因此，这个属性中的任何其他式态变化并不属于每个[①]东西的心灵的本质，有的只是观念，当它的对象存在时，它必须存在于思想属性中。因为这个观念本身带来其他种种式态变化，如爱恋、欲望等等。这样，我们看，因为观念产生于对象的存在，因此由于对象改变或消灭，它的观念也就同样改变或消灭；并且，因为是这样，所以它是和对象联在一起的东西。[②]

§**8**　最后，如果我们更进一步要求把那使心灵的本质借以真实存在的东西归之于心灵的本质，我们除了上面所说的属性和对

---

* 我把那个式态变化称为最直接的式态变化，它为了存在并不要求同一属性中的任何式态变化。

象以外将找不出任何其他东西;但是不论属性还是对象,都不能属于心灵的本质,因为对象并没有任何思想,而是和心灵真正不同的;至于属性,我们上面已经证明,它不能属于这个本质,这一点由方才所说更可以看得清楚,因为这一属性作为属性并不和对象结合在一起,即使那个对象改变或消灭了,属性是既不改变也不消灭的。

§**9** 因此心灵的本质仅仅在于它是思想属性里的一个观念或一个作为对象的本质的存在,这个观念或作为对象的本质产生于一个真实存在于自然中的东西的本质。我说:一个真实地存在等等,而不加更具体的限制,是为了在这里不但包括广袤的种种式态变化,并且包括一切无限的属性的种种式态变化,后者和广袤一样,也具有一个心灵。

§**10** 但是,为要更加确切地理解这个定义,我们应该注意到我在讨论属性的时候曾经说过的,即:这些属性在存在上彼此没有区别,因为它们本身就是它们的本质的主体,并且注意到,一切式态变化的本质都包含在这些属性里,而且最后还注意到,这一切属性是同一个无限的东西的属性。就是因为这个,我们曾在第一卷第九章把这个观念称为上帝的直接的创造物,因为它既不增加也不减少,作为对象在它里面包含一切东西的形式的本质。并且它必然是单一的,因为这些属性的一切本质只是一个单一的、无限的东西的本质。

§**11** 但是还需要指出,这些式态作为并不真实存在的东西,仍然全部包含在它们的属性里面;因为在属性之间,和在式态与式态的本质之间一样,没有任何高下、先后的不同,因此在那个观念中也就不可能有任何区分，因为在自然里并没有这样的区分。但是，如果这些式态中间的若干式态赋有它们自己的特殊、个别的存在，并因此以某种方式自别于它们的属性（因为这时候它们在属性中所具有的特殊、个别的存在就成了它们的本质的主体），这样，在式态与式态的本质之间就产生了一种区分，从而在必然包含在那个观念里的它们的作为对象的本质之间也就有了一个区分。

§ **12** 因此，我们在我们的定义中应用了这样的词句，即：观念产生于一个真实存在于自然中的东西。从这个定义，我们相信我们已充分说明了一般所谓心灵是一个什么东西，一般所谓的心灵我们不单指由物体性的式态变化产生的那些观念，并且也是指由其他属性的一个特定式态变化产生的那些观念。

§ **13** 但是，因为我们对于其他属性并没有像对于广袤这个属性所具有的那种认识，因此我们再看看，是关于广袤的那些式态变化，我们是不是能得出一个更确切的、更能表明我们心灵的本质的定义，这是我们真正的问题所在。

§ **14** 首先我们从一个清楚证明了的命题开始，即：除了运动和静止以外，在广袤中没有任何其他式态变化，而每一个物体性的东西不是别的，只是一个特定的运动和静止的比例，所以，如果在广袤中仅仅有运动，或者仅仅有静止，将不可能在广袤中出现或存在任何一个特殊、个别的东西；因此人的躯体不是别的，只是某一个运动和静止的比例。

§ **15** 在思想属性中与这一实际存在的比例相应的对象的本质，我们说，就是这一躯体的心灵。现在，如果在这些式态变化中有一个式态变化，不论是运动或静止发生的变化，即增加或减少，观念也在同一的程度上发生变化；例如，如果静止增加而运动减少，就引起那一种不适或难受，我们称为冷；反之，如果运动增加，就引起一种不适，我们称之为热。

§ **16** 如果运动或静止的程度不是在整个躯体的各部分相等，而是某些部分比其他部分具有更多的运动或静止，这就产生出种种感觉（例如，如果用一根棍棒打在我们眼或手上，我们就感觉到一种痛楚）。如果产生这些变化的外在原因不同，并且具有不同的作用，那就在同一部分产生种种不同的感觉（例如，用木器或铁器打在同一个手掌上，我们就感觉到不同的痛楚）。另一方面，如果在某一部分引起一种变化，这一变化使这一部分回复到它原有的运动和静止的比例，这就产生一种快感，我们称为安适、舒畅、愉快。

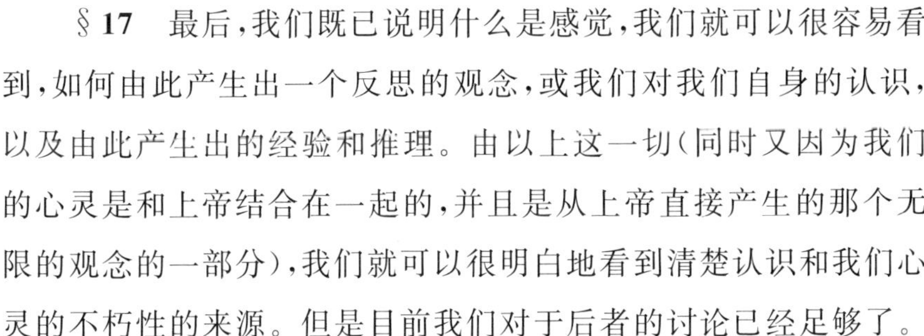

§ **17** 最后，我们既已说明什么是感觉，我们就可以很容易看到，如何由此产生出一个反思的观念，或我们对我们自身的认识，以及由此产生出的经验和推理。由以上这一切（同时又因为我们的心灵是和上帝结合在一起的，并且是从上帝直接产生的那个无限的观念的一部分），我们就可以很明白地看到清楚认识和我们心灵的不朽性的来源。但是目前我们对于后者的讨论已经足够了。

注　释

① A 稿作 gelijken［像］，不可解，应依 B 稿作 lègelijk'n［每个］。

② “因此由于……的东西”在 B 稿中作“所以它的这个观念必须依照它的改变或消灭而改变或消灭，因为它是与对象连在一起的。”

图书在版编目(CIP)数据

简论上帝、人及其心灵健康/(荷)斯宾诺莎著;顾寿观译.
—北京:商务印书馆,2017
(汉译世界学术名著丛书:120 年纪念版:珍藏本)
ISBN 978-7-100-14855-9

Ⅰ.①简… Ⅱ.①斯… ②顾… Ⅲ.①斯宾诺莎(Spinoza, Benoit de 1632-1677)—哲学思想 Ⅳ.①B563.1

中国版本图书馆 CIP 数据核字(2017)第 160068 号

汉译世界学术名著丛书
(120 年纪念版·珍藏本)
简论上帝、人及其心灵健康
〔荷兰〕斯宾诺莎 著
顾寿观 译

商 务 印 书 馆 出 版
(北京王府井大街 36 号 邮政编码 100710)
商 务 印 书 馆 发 行
北 京 冠 中 印 刷 厂 印 刷
ISBN 978-7-100-14855-9

2017 年 12 月第 1 版　　开本 710×1000 1/16
2017 年 12 月北京第 1 次印刷　　印张 13
定价:62.00 元